DAS GROSSE WHISKY BUCH

DAS GROSSE WHISKY BUCH

MEHR ALS 200 SINGLE MALTS, BLENDS, BOURBONS UND RYE-WHISKYS AUS DER GANZEN WELT

Joe Clark &
Stuart Derrick

© Parragon Books Ltd.
Im Vertrieb der:
Delphin Verlag GmbH
Emil-Hoffmann-Straße 1
D-50996 Köln

Gesamtherstellung:
Delphin Verlag GmbH, Köln

www.delphinverlag.de

Text: Joe Clark
Redaktionelle Texte: Stuart Derrick
Layout: five-twentyfive.com
Projektkoordination: Tarda Davison-Aitkins

Realisation der deutschen Ausgabe:
trans texas publishing services GmbH, Köln
Übersetzung: Heinrich Degen, München
Redaktion und Satz:
lesezeichen Verlagsdienste, Köln

Joe Clark entdeckte seine Begeisterung für das Thema Whisky mit 20 Jahren, als er in einem auf Whisky spezialisierten Geschäft in seiner Heimatstadt York zu arbeiten begann. Heute, mit 27 Jahren, schreibt er über Whisky und arbeitet für das Unternehmen „The Whisky Lounge", das Veranstaltungen zum Thema Whisky organisiert. Er vermittelt sein Wissen bei kommentierten Tastings, Whisky-Festivals und Schulungen im Vereinigten Königreich.

Stuart Derrick ist Journalist, Autor und Herausgeber mit mehr als 20 Jahren Berufserfahrung. Er verfasst Texte für Bücher, Magazine, Zeitungen und Organisationen und deckt dabei vielfältige Themen wie Reisen, Familie, Corporate Finance, Marketing und Motivation ab. Seine Beiträge erschienen in verschiedenen Zeitungen und Zeitschriften wie *The Sunday Times, Mail on Sunday*, dem *Guardian, Campaign, Marketing* und *Growing Business.*

Bildnachweis: Titelseite: © Getty Images; Rückseite, von links nach rechts: Copyright © Roddy Mackay, Bruichladdich; © Christopher Kuehl, Stranahans; © shutterstock.com

CUTTY SARK
STORM
BLENDED SCOTCH WHISKY

EINLEITUNG

1991
JUSTERINI & BROOKS LTD.
KNOCKANDO DISTILLERY
SPEYSIDE.
493

JACK DANIEL'S
SINGLE BARREL
SELECT
TENNESSEE WHISKEY

GESCHICHTE DES WHISKYS

Whisky ist der populärste Edelbranntwein der Welt. Das ursprünglich in Schottland und Irland für die dortigen Kleinbauern und Bauern erzeugte Getränk entwickelte sich zu einem weltweiten Verkaufsschlager, der heute von Millionen geschätzt wird.

Der Alkohol wird durch Destillation vergorener Getreidemaische gewonnen, meist – aber nicht ausschließlich – aus gemälzter Gerste. Die erste schriftliche Erwähnung fand das Getränk 1405 in Irland. *The Annals of Clonmacnoise*, eine Darstellung der irischen Geschichte von der Frühzeit bis 1405 aus dem 17. Jahrhundert, berichten vom Tod eines Clanführers, der an Weihnachten „im Übermaß *aqua vitae* getrunken" habe.

Aqua vitae, oder „Wasser des Lebens", war die im Mittelalter übliche Bezeichnung für Branntwein. Das Verfahren der Destillation reicht aber über tausend Jahre zurück, vermutlich bis zu den Babyloniern um 2000 v. Chr. Erste eindeutige Belege für die Destillation, allerdings nicht zur Produktion von Alkohol, stammen von griechischen Alchemisten, die im 1. Jahrhundert n. Chr. in Alexandria wirkten. Im 10. Jahrhundert hatten arabische Alchemisten die Alkoholdestillation im Zuge der Herstellung von Kosmetika entdeckt. Das Wort „Alkohol" leitet sich vom arabischen *al-kuhl* ab, einem Färbemittel für die Augenkosmetik.

Aus religiösen Gründen tranken die Araber keinen Alkohol, doch sie brachten das Destillationsverfahren nach Europa, wo die Mönchsorden es verbreiteten. Aus dem 13. Jahrhundert gibt es aus Italien Berichte zur Destillation von Wein. Die mittelalterlichen Klöster nutzten Branntwein für medizinische Zwecke, zur Behandlung von Koliken und Pocken.

Ende des 15. Jahrhunderts wurde dann in Schottland Whisky produziert. Ein Eintrag in den Fiskalakten (Exchequer Rolls) von 1494 berichtet von einer Lieferung Malz an Bruder John Cor, um „im Auftrag des Königs *Aqua vitae* herzustellen". John Cor, ein Mönch der Lindores Abbey in Fife, sollte etwa 1500 Flaschen

Branntwein an König Jakob IV. liefern. Später folgten viele weitere Whisky-Bestellungen des Hofs.

In einigen Ländern Europas hatten Mönche bereits Wein destilliert, doch weil in Schottland kaum Trauben verfügbar waren, destillierte man dort Gerstenbier. Das feuchte Klima Schottlands begünstigte den Anbau von Gerste, erschwerte aber gleichzeitig deren Lagerung. Bierbrauen war eine Möglichkeit, Gerste zu verwerten und zu konservieren. Durch die Destillation von Bier zu Whisky schuf man ein stärkeres Getränk, das sich sogar noch länger hielt.

Der Name Whisky leitet sich vom gälischen *usquebaugh* für „Lebenswasser" ab, welches sich in der Aussprache zu „usky" und schließlich „whisky" wandelte. Die Destillation verbreitete sich dann auch außerhalb der Klöster und in der Landwirtschaft. Gebrannt wurde in bäuerlichen Betrieben. Aufgrund der wachsenden wirtschaftlichen Bedeutung von Branntwein führte das schottische Parlament im 17. Jahrhundert Steuern für Malz und Whisky ein. Nach dem Act of Union und der Vereinigung mit England 1707 kam es zu einer unübersichtlichen und inkonsistenten Besteuerung. Die Bevölkerung empfand diese Steuern als ungerecht und

versuchte, in den folgenden 150 Jahren diese möglichst zu umgehen. Steuereintreiber, die sogenannten Eichmeister, und Schmuggler versuchten, sich gegenseitig auszutricksen. Whisky wurde häufig nachts gebrannt, wenn die Dunkelheit den Rauch der Destillierapparaturen verbarg – daher die Bezeichnung Schwarzbrennerei. Die Steuerbeamten, zu denen auch Schottlands Nationaldichter Robert Burns gehörte, führten einen aussichtslosen Kampf. In den 1820er-Jahren wurden jährlich 14000 illegale Destillen konfisziert, und mehr als die Hälfte des in Schottland konsumierten Whiskys war unversteuert. In Edinburgh gab es 1778 acht legale Brennereien und – geschätzt – 400 illegale.

Der Herzog von Gordon legte schließlich mit dem Excise Act (1823) eine praktikable Lösung vor. Gegen eine Lizenzgebühr von 10 Pfund durfte man Whisky brennen, und zusätzlich war pro Gallone Branntwein eine Abgabe zu leisten. Fast über Nacht wurde so die Schwarzbrennerei legalisiert. Manche der heutigen Brennereien stammen noch aus jener Zeit und residieren dort, wo einst die illegalen Betriebe standen.

Nach der Legalisierung konnte man sich verstärkt um die Verbesserung der Qualität kümmern. Dazu trug das von Robert Stein in der Kilbagie Distillery erfundene kontinuierliche Brennverfahren bei, das der Ire Aeneas Coffey weiter verbesserte. Dieses als Coffey Still oder Patent Still bezeichnete Verfahren ermöglichte leichtere, gefälligere Grain Whiskys, die mehr Zuspruch fanden. Dies revolutionierte die Whisky-Industrie in den 1840er- und 1850er-Jahren, als Pioniere wie John Dewar, James Chivas und George Ballantine begannen, leichte Grain Whiskys mit kräftigen, torfigen Single Malts aus Pot Stills in Blends zu verschneiden.

Irische Brennereien produzierten einen eigenen, zur Abgrenzung vom schottischen mit „e" geschriebenen Whiskey. Der durch das dreifache Brennverfahren und den reduzierten Einsatz von Torf meist weichere Whiskey fand in Großbritannien und Amerika Anklang.

Gegen Ende des 18. Jahrhunderts produzierten die Amerikaner aber schon eigenen Whiskey. Die Farmer sahen darin eine gute und profitable Möglichkeit, überschüssiges Getreide in ein wertiges Produkt zu verwandeln. Weil europäische Gerste in Amerika kaum wuchs, experimentierten sie mit Mais und Roggen, um daraus den typischen amerikanischen Whiskey zu brennen. Weiter im Norden, in Kanada, unterlag man ähnlichen Einschränkungen und schuf einen wiederum eigenen Whisky-Typ.

Die katastrophalen Auswirkungen der Reblaus *(Phylloxera vastatrix)* in den 1860er- bis 1880er-Jahren auf die Weinberge in Frankreich und somit auf die Weinbrandproduktion verschafften dem Whisky einen Marktvorteil. Bis dahin war Brandy mit Soda der bevorzugte Drink der englischen Mittelklasse, doch nun brauchte man eine Alternative – Whisky bot sich an. Winston Churchill, der angeblich tagsüber mit Soda verdünnten Johnnie Walker Black Label genoss, stand für diesen Wandel: „Mein Vater hätte niemals Whisky getrunken, höchstens einmal bei der Jagd im Moor oder an einem faden, kalten Ort. Er lebte im Zeitalter von Brandy und Soda."

Seit damals hat sich Whisky über die ganze Welt verbreitet und wird in verschiedenen Ländern erzeugt. Schottischer Whisky beansprucht seine Stellung – trotz aller Globalisierung – als Urform dieses Branntweins.

SO WIRD SCOTCH GEMACHT

Bei der Whisky-Herstellung entstehen in einem grundsätzlich ähnlichen Prozess verschiedenste Aromen, Geschmacks- und Farbvarianten. Die Produzenten von Malt Whisky verwenden drei Hauptzutaten: Gerste, Wasser und Hefe.

MÄLZEN

Gerste wird in warmem Wasser eingeweicht und keimt rund eine Woche. Die im Korn enthaltene Stärke verwandelt sich dabei in lösliche Zucker, die später zu Alkohol vergoren werden. Für Single Malt Whisky kommen verschiedene Gerstenarten wie Golden Promise, Optic und Chariot zum Einsatz. Durch Erhitzen und Trocknen wird die Keimung gestoppt. Dieses Darren erfolgt normalerweise durch Trocknen der Gerste in einem großen Ofen. Traditionell wurden diese Öfen mit Torf befeuert, was dem Malt Whisky seinen besonderen, rauchigen Geschmack verlieh.

MAISCHEN

Das Malz (gekeimtes und getrocknetes Getreide) wird in einer Mühle zerkleinert und das Schrot mit heißem Wasser in einem Maischebottich (Mash Tun) vermischt, wie beim Bierbrauen. Der Malzzucker löst sich im Wasser und bildet die Würze (Wort). Die festen Rückstände werden meist als Viehfutter verwendet.

VERGÄRUNG

Die Würze wird in Gärbottiche (Wash Backs) gefüllt und durch zugesetzte Hefe zum Gären gebracht. Diese – nun alkoholische – Flüssigkeit nennt man Bier oder Würze (Ale/Beer oder Wash). Erfahrene Brenner verwenden Brau- und Brennhefen in unterschiedlichen Kombinationen, um Ausbeute und Qualität zu steuern. Den schottischen Destillerien geht es um die Maximierung des Ertrags und des Alkohols aus der eingesetzten Gerste. So weit bekannt, setzen alle Brennhefen ein. Amerikanische Brenner verwenden verschiedene, sorgfältig ausgewählte Hefestämme. Die Hefe verwandelt den Zucker der Würze in Alkohol. Die Flüssigkeit enthält nun rund 8 Vol.-% Alkohol.

DESTILLATION

Das Wash wird anschließend in Brennblasen (Stills) aus Kupfer zweifach destilliert. In Wash Stills, großen Kesseln, wird das Wash erhitzt, bis es verdampft und der Dampf über die Haube aufsteigt und in den Kondensator gelangt, wo er abgekühlt und so wieder verflüssigt wird. Diese Flüssigkeit (Low Wines – Rohbrand) wird im Spirit Still erneut destilliert. Das Destillat läuft dabei durch den versiegelten Spirit Safe. Der zweite Brand gliedert sich in drei Fraktionen, abhängig von der Alkoholqualität. Der Mittellauf (Middle Cut) wird entnommen. Nur daraus wird der Whisky gemacht und dafür sind Steuern zu entrichten.

REIFUNG

Dieser klare Branntwein (New Spirit oder New Make) hat 60 bis 75 Vol.-% Alkohol. Malt Whisky wird meist verdünnt und mit 63,5 Vol.-% in Eichenfässer gefüllt, wo er lange reift. Nach mindestens drei Jahren Fassreifung (in Schottland) darf er sich Scotch nennen. Viele Whiskys reifen aber wesentlich länger und bekommen so ihr spezielles Aroma und ihre besondere Farbe. Scotch Whisky darf vor der Flaschenabfüllung mit Zuckerkulör (E 150 a) versetzt werden, um ihn dunkler zu färben und eine einheitliche Färbung zu erzielen. Das ist bei den großen Marken und Blends allgemein üblich. Steht auf dem Etikett eine Altersangabe wie „12 Jahre" oder „15 Jahre malt whisky" muss der gesamte in der Flasche enthaltene Whisky mindestens so alt sein.

GRAIN WHISKY

Grain Whisky wird in einem anderen Verfahren hergestellt. Er ist ein wichtiger Bestandteil von Blended Whisky, der den Großteil aller Whiskys am Markt ausmacht. Er wird in großen Mengen produziert, und diese Massenproduktion hat einen eher industriellen Charakter als die handwerkliche Arbeitsweise vieler Malt-Whisky-Destillerien.

Der Maische- und Gärprozess ist mit dem für Malt Whisky identisch. Allerdings bestehen nur rund 10 Prozent der Maische aus gemälzter Gerste, der überwiegende Teil aus Weizen und Mais. Dieses Getreide wird vor dem Maischen gekocht, um die Stärke aufzuschließen.

Grain Whisky wird in einer kontinuierlichen Destillation in Kolonnen (Column Stills) gewonnen. Die Trennkolonne (Analyser) ist mit einer Verstärkungskolonne (Rectifier) verbunden. Die Würze (Wash) wird oben in den Rectifier gepumpt, fließt durch eine Spirale nach unten und wird dabei erwärmt. Dann wird sie oben in den Analyser geleitet, wo sie über Siebböden nach unten fließt. Der aufsteigende Dampf extrahiert den Alkohol und leitet ihn unten in den Boden des Rectifier. Dort steigen die Alkoholdämpfe nach oben und kondensieren an der Spirale, durch die kühle Würze nachfließt.

Das klingt durchaus kompliziert, ist aber ein sehr effizientes Destillationsverfahren, das Kornbranntwein mit rund 94 Vol.-% Alkohol liefert. Dieser Brand wird auf 68 Vol.-% verdünnt und kann nach der Fassreifung zum Blending verwendet werden.

WHISKY ODER WHISKEY?

Es gibt weltweit verschiedene Whiskytypen — hier eine Zuordnung.

SCOTCH WHISKY

Gemäß der Scotch Whisky Association ist Scotch Whisky ein in Schottland aus Getreide, Wasser und Hefe destillierter Branntwein. Als Heimat des Whiskys bemüht sich Schottland intensiv um den Schutz seines Nationalgetränks. Die genaue Definition von „Scotch Whisky" ist seit 1909 in der Gesetzgebung des Vereinigten Königreichs und seit 1989 in der EU-Gesetzgebung festgehalten.

Die aktuelle britische Gesetzgebung bezüglich des Scotch Whisky findet sich im Scotch Whisky Act von 1988 und den entsprechenden Verordnungen von 2009, die Produktion, Etikettierung und Präsentation von Scotch regeln. Diese Verordnungen räumen den traditionellen Regionalbezeichnungen wie „Highland", „Lowland", „Speyside", „Campbeltown" und „Islay" einen besonderen Rechtsschutz ein. Diese Namen dürfen nur auf Whiskys erscheinen, die zur Gänze in diesen Regionen destilliert wurden.

Die Verordnungen enthalten eine Definition von Scotch Whisky. Die wichtigsten Anforderungen lauten:

- Er muss in einer Destillerie in Schottland aus gemälzter Gerste (der nur ganze Körner anderer Getreidearten zugefügt werden dürfen) gebrannt sein.
- Der Alkoholgehalt bei der Destillation darf 94,8 Vol.-% nicht übersteigen.
- Die Reifung darf nur in Eichenfässern mit einem Volumen von maximal 700 Litern (185 Gallonen) erfolgen.
- Sie muss in Schottland stattfinden und dauert mindestens drei Jahre.

Scotch Whisky wird in fünf Kategorien eingeteilt:

- Single Malt Scotch Whisky
- Single Grain Scotch Whisky
- Blended Scotch Whisky
- Blended Malt Scotch Whisky
- Blended Grain Scotch Whisky

IRISH WHISKEY

Zwischen irischem Whiskey und seinem schottischen Verwandten gibt es viele Gemeinsamkeiten, aber auch Unterschiede – nicht nur das zusätzliche „e". Die meisten irischen Pot-Still-Whiskeys werden dreifach destilliert, die schottischen meist nur zweifach, was, neben dem weitgehenden Verzicht auf Torf beim Mälzen, einen weicheren Geschmack ergibt.

Es gab eine Zeit, da war Irish Whiskey sogar beliebter als Scotch, weshalb einige schottische Brennereien versuchten, ihren Whisky als irischen zu vermarkten. Doch ab Ende des 19. Jahrhunderts durchlebte der Irish Whiskey – bedingt durch technologische Veränderungen und die Prohibition in den USA – eine lange Phase des Niedergangs. Ab 1990 erfuhr der Irish Whiskey dann eine Wiederbelebung mit jährlichen Wachstumsraten von rund 20 Prozent und einer entsprechenden Expansion der Brennereien.

Auch Irish Whiskey ist (im Irish Whiskey Act von 1980) gesetzlich definiert: Er muss in Irland destilliert und dort mindestens drei Jahre gereift sein.

AMERICAN WHISKEY

In den USA werden verschiedene Whiskeytypen erzeugt. Am bekanntesten ist vermutlich der Bourbon aus Kentucky. Die Getreidemischung dafür muss mindestens 51 Prozent und maximal 80 Prozent Mais enthalten. Der Gärprozess wird häufig durch die Zugabe von Maische aus älteren, bereits gärenden Ansätzen eingeleitet – ein Verfahren, das als Sour Mash bezeichnet wird. Als Bourbon darf ausschließlich ein in den USA gebrannter Whiskey etikettiert werden. Der Alkoholgehalt des Destillats darf 80 Vol.-% nicht übersteigen. Die Spirituose muss in neuen, ausgekohlten Eichenfässern reifen, bevor sie mit mindestens 40 Vol.-% in den Handel kommt.

Für Bourbon gibt es keine Mindestreifezeit. Ein Straight Bourbon muss wie alle Straight Whiskeys allerdings mindestens zwei Jahre gereift sein und darf keinerlei Farbzusätze oder Aromen enthalten.

Tennessee Whiskey wird im Bundesstaat Tennessee nach dem Lincoln County Process erzeugt, bei dem der Whiskey zur Geschmacksverbesserung durch einen Ahornkohlefilter sickert. Diese Filtration schließt eine Klassifizierung als Bourbon aus. Jack Daniel's ist ein Beispiel für Tennessee Whiskey.

Amerikanischer Rye Whiskey wird aus einer Maische produziert, die mindestens 51 Prozent Roggen enthält, sowie üblicherweise Mais und gemälzte Gerste. Die Reifung erfolgt in gekohlten Eichenfässern. Der Rye Whiskey, der dominierende Whiskey der nordöstlicher Bundesstaaten, speziell Pennsylvania und Maryland, verschwand nach der Prohibition weitgehend. Der prägende Roggen sorgt für einen würzigen oder fruchtigen Charakter des Whiskeys, etwa beim Jim Beam.

Weitere amerikanische Whiskey-Typen sind Corn Whiskey, Single Barrel und Small Batch.

CANADIAN WHISKY

Die Kanadier halten sich an die schottische Schreibweise. Ihr Whisky muss in Kanada destilliert werden und mindestens drei Jahre in Eichenfässern reifen. Wie bei Scotch darf zur Färbung Zuckerkulör verwendet werden. Obwohl oft behauptet wird, dass kanadischer Whisky vorrangig aus Roggen gemacht wird, sieht die Gesetzgebung keine Vorgaben über Getreideart und Mindestanteile vor. Die kanadischen Brenner setzten Roggen zunächst aus Geschmacksgründen ein. Einige Whiskys werden zwar noch aus Roggen gebrannt, doch die meisten kanadischen Whiskys produziert man aus Mais; sie werden nach der Destillation mit Roggen-Whiskys verschnitten.

Anders als beim amerikanischen Straight Whiskey, wo eine Getreidemischung (Mash Bill) vergoren wird, fermentieren und destillieren die kanadischen Brenner die Getreidesorten getrennt. Sie werden erst nach der Destillation oder der Reifung verschnitten.

WHISKY WELTWEIT

Whisk(e)y wird heute in vielen Ländern produziert, die kulturell nichts mit den traditionellen Erzeugerländern zu tun haben. Einige wie Japan, wo die Whiskyproduktion 1932 in Yamazaki begann, haben bereits eine erstaunlich lange Tradition. Andere, etwa Indien, etablieren sich erst noch als große Produzenten für einen riesigen Binnenmarkt. Die Qualität der Produkte verbessert sich überall – von der Schweiz bis Südafrika. Auch Schottlands Nachbar England kommt mit der St George's Distillery in Norfolk ins Spiel, die seit 2006 ein allseits gepriesenes Whisky-Sortiment im Angebot hat.

DIE ÄRA DES BLENDS

Mit der Einführung von Aeneas Coffeys Patent Still Mitte des 19. Jahrhunderts konnten die Destillateure neutralen, preiswerten Branntwein in großen Mengen produzieren.

Zum Teil wurde Branntwein von ärmeren Schichten in Schottland konsumiert, der Großteil wurde in England weiter zu Gin verarbeitet. Der meiste Malt Whisky wurde noch immer in Schottland getrunken.

Das Mischen von Whiskys aus verschiedenen Destillerien war schon eine Weile üblich. Für billigen Schnaps mischte man Whisky auch mit Kräutern und anderen Getränken. Der Forbes-Mackenzie Act von 1853 erlaubte das Mischen unterschiedlich alter Whiskys einer Brennerei „unter Zollverschluss". Durch dieses sogenannte Vatting konnten die Destillerien ansprechendere Blends von über die Jahre einheitlicher Qualität schaffen.

Als eine der ersten Destillerien schufen Andrew Usher & Co. in jenem Jahr den Old Vatted Glenlivet, den manche als erste Whisky-Marke überhaupt bezeichnen. 1860 erlaubte der Spirit Act zudem das Verschneiden von Malt und Grain Whiskys unter Zollverschluss. Diese Whiskys waren günstiger zu produzieren als Malts, waren konsistenter im Geschmack und fanden breiteren Zuspruch.

Grain Whisky wurde – anders als Malt – in einem neuen, wesentlich effizienteren Brennverfahren erzeugt, das einen leichteren Branntwein lieferte und gleichzeitig einen größeren Ausstoß ermöglichte. Diese neuen Grain Whiskys wurden mit den wuchtigeren Malt Whiskys kombiniert – der Blended Whisky war geboren.

Andrew Usher, der Verantwortliche für den Old Vatted Glenlivet, gilt vielen als Vater des Blending. Bereits Ushers Vater, er hieß ebenfalls Andrew, hatte mit dem Blending experimentiert, doch sein Sohn führte das Verfahren zur Perfektion. Damals gewann der mildere irische Whiskey in Britannien an Popularität, sodass einige schottische Brenner wie Caledonian in Edinburgh eigene Versionen davon schufen.

Ushers Pioniertat, die Kreation eines ausgewogeneren, leichteren und gefälligeren Whiskys, war die Basis für die Expansion des schottischen Whiskys in den folgenden Jahrzehnten. Und sie machte ihn reich: 1897 produzierte seine North British Distillery, die größte in Schottland, drei Millionen Gallonen Whisky pro Jahr. Er stiftete 100000 Pfund für den Bau der Konzerthalle Usher Hall in Edinburgh.

In dieser Zeit entstanden viele berühmte Marken von Blended Whisky wie Johnnie Walker, Dewar's, Black & White, Chivas Regal, Ballantine's und VAT 69. Verschiedene andere historische Umstände trugen zur Öffnung des Markts für schottischen Whisky bei: Die Aufhebung der Navigation Acts 1849 eröffnete neue Exportmöglichkeiten in die Kolonien und andere Herrschaftsgebiete wie Kanada, Neuseeland, Südafrika

und Australien, wo durstige Briten auf einen heimischen Schluck warteten.

Das Blending von Whisky ist eine Kunst, die man erst nach vielen Jahren Erfahrung beherrscht. Ein Blend besteht aus 15 bis 50 Malts und zwei oder drei Grains. Whiskys verschiedener Destillerien haben einen jeweils eigenen Charakter, und einige vertragen sich nicht untereinander. Der Blender versucht, verschiedene Single Whiskys so zu kombinieren, dass der Blend die jeweils besten Eigenschaften der Komponenten herausstellt.

Jeder Blend ist anders, natürlich geheim in seiner Rezeptur und mit variierenden Anteilen von Malt in verschiedenen Blends. Der Malt-Anteil, er liegt zwischen 20 und 60 Prozent, spiegelt sich im Preis.

Der Blender möchte einen Whisky mit wiedererkennbarem Charakter und über Jahre konstantem Standard schaffen. Dazu werden aber nicht zwangsläufig immer dieselben Whiskys in denselben Anteilen verwendet. Die eingesetzten Malts können von Jahr zu Jahr im Geschmack variieren oder sind nicht immer verfügbar. Der Blender muss dafür sorgen, dass der Verschnitt nicht von der geschmacklichen Vorgabe abweicht.

Die einzelnen Whiskys werden zum Verschneiden aus dem Lager geholt und von einem erfahrenen Blender gemischt. Dieser untersucht, wie sich die verschiedenen Whiskys untereinander ergänzen, und beurteilt Geruch, Geschmack und Finish (Abgang/Nachklang). Die wichtigste Prüfung ist das Nosing, die Analyse mit der Nase. Nach Jahren des Trainings können Master Blender auf diese Weise einen Whisky beurteilen, ohne einen Tropfen davon zu trinken.

Nach der Mischung des Blends füllt man den Whisky meist wieder ins Fass und lässt ihn einige Monate vor der Flaschenfüllung ruhen. Einige Unternehmen verschneiden Malts und Grains getrennt und bringen sie erst vor dem Abfüllen zusammen. Obwohl Blended

Whisky den weitaus größten Anteil am Markt stellt, genoss er nie das Ansehen wie Malt Whisky und gilt oft als „armer Verwandter". In den vergangenen Jahren hat sich das etwas geändert, seit Spezialisten wie Compass Box hochwertige, handwerklich höchst anspruchsvolle und entsprechend teure Blends kreieren. Blended Whisky ist erwachsen geworden.

DIE EICHE IST DAS GEHEIMNIS

Einer der wichtigsten Faktoren bei der Whiskyherstellung ist Zeit. Erst nach mindestens drei Jahren darf sich ein frisches Destillat Scotch Whisky nennen. Meist lässt man ihn jedoch viel länger reifen.

Irish Whiskey, Canadian Whisky und Bourbon reifen ähnlich lange, bevor sie abgefüllt werden.

Der Prozess des Ansatzes und der Destillation des Getränks ist relativ kurz: Er dauert nur wenige Wochen. Danach reift der Brand in Holzfässern. Nach der Flaschenabfüllung verändert sich Whisky kaum noch. Die interessanten Vorgänge vollziehen sich in einem Fass, meist aus Amerikanischer Weiß-Eiche *(Quercus alba)*. Man schätzt, dass zwischen 60 und 80 Prozent des Whiskyaromas aus Vorgängen im Fass entstehen.

Vermutlich entdeckte man die Wirkung der Fassreifung auf Whisky erst allmählich. Im 19. Jahrhundert nutzte man Fässer zur Lagerung von allem möglichen: trockenen Gütern und Flüssigkeiten, von Fisch bis Butter und Öl bis Bier. Durch die Nutzung bereits gebrauchter Fässer sparte man sich Kosten.

Durch Experimentieren und Vergleichen erkannte man, dass sich Eichenfässer am besten zur Lagerung von Whisky eigneten. Sie sind wasserdicht, aber lassen die darin gelagerte Flüssigkeit atmen, was deren Eigenschaften verändert. Der frische Branntwein, der mit 60–65 Vol.-% ins Fass kommt, unterscheidet sich stark von dem gereiften Produkt einige Jahre später.

Die Porosität des Holzes ist ein wesentlicher Aspekt und verantwortlich für den Schwund durch Verflüchtigung von Alkohol während der Reifung. Der sogenannte Anteil der Engel (Angel's Share) kann bis zu 2 Vol.-% pro Jahr betragen. Der Kontakt mit dem Holz beeinflusst den Geschmack der Spirituose. Hemicellulosen karamellisieren und bringen Süße und Farbe, während Tannine für Adstringenz (sie verursachen ein pelziges Gefühl im Mund) und Duft sorgen.

Ein Fass ist ein sehr komplexes Gebilde. Küfer waren

früher geschickte Handwerker mit vier bis fünf Jahren Lehrzeit. Besonders anspruchsvoll war die Herstellung von Fässern für Flüssigkeiten, denn diese mussten ihren kostbaren Inhalt über Jahre halten. Momentan liegen 20 Millionen Fässer mit Scotch in den Lagerhäusern. Selbst in der Blütezeit der Küferei konnten die lokalen Betriebe und Wälder den Bedarf nicht decken, denn man braucht ausgewachsene Bäume. Deshalb nutzte man die Fässer, in denen Sherry, Portwein und Madeira in den Londoner Hafen kamen. Nach Abfüllung des Inhalts auf Flaschen verkaufte man die Fässer an die Whisky-Brenner.

Was zunächst der Sparsamkeit geschuldet war, wurde zu einem wichtigen Teil der Reifung. Die Brenner erkannten den positiven Einfluss dieser Fässer auf die Reifung des Whisky. Diese aus Europäischer Eiche *(Quercus robur)* von Hand gefertigten Fässer waren in der Whiskyindustrie viele Jahre in Gebrauch. Allmählich wurden sie durch Bourbonfässer abgelöst, die maschinell und somit billiger aus Amerikanischer Eiche *(Quercus alba)* hergestellt wurden.

Heute ist das American Standard Barrel (ASB) mit 200 Litern (53 Gallonen) zur Reifung von Whisky weit verbreitet. Laut Gesetz muss amerikanischer Bourbon immer in neuen, unbenutzten Fässern aus Amerikanischer Eiche reifen. Lange waren diese ausrangierten Fässer die erste Wahl für Erzeuger von Scotch Whisky. Einige Whiskys reifen noch immer in Sherryfässern, die aber zehnmal teurer als Bourbonfässer sind.

Die amerikanischen Bourbonfässer werden zerlegt und nach Schottland verschifft, wo erfahrene Küfer sie wieder zusammensetzen. Manchmal fügt man zusätzlich Dauben ein, um als Volumen ein Hogshead (250 Liter/66 Gallonen) zu erhalten. Häufig wird die Fassinnenseite ausgebrannt. Die so gebildete Kohleschicht entzieht dem Whisky unerwünschte Komponenten und fördert die Bildung fruchtiger Ester. Fässer kann man bei wiederholter Aufarbeitung und Auskohlung vor der Neubefüllung etwa 70 Jahre nutzen.

Der Reifung im Holzfass verdankt Whisky auch seine goldene Farbe, denn Melanoide aus der Holzzellulose färben ihn bräunlich. Auch ehemalige Sherry- oder Rumfässer können den Whisky färben und Aromen abgeben. Durch den Zusatz von Zuckerkulör erhält man eine einheitliche Färbung.

Auch die Fassgröße beeinflusst die Reifung, denn die Fläche der Innenwand reagiert mit dem Destillat. Destillerien mit hohem Ausstoß wie Glenfiddich oder Glenmorangie bevorzugen kleinere Fässer, in denen der Whisky schneller zur Reife gelangt.

Die chemischen Vorgänge im Fass bleiben trotz vielfältiger wissenschaftlicher Bemühungen noch immer geheimnisvoll. Der Bourbon-Produzent Buffalo Trace schätzt, dass es rund 300 Komponenten im Holzfass gibt, von denen erst 200 identifiziert sind. Auch der Standort eines Fasses im Lagerhaus kann einen nachhaltigen Einfluss auf den Geschmack des Inhalts haben. Whisky aus in Fensternähe gelagerten Fässern, sogenannte Honey Barrels, schmeckt besser.

In den letzten Jahren wurde das Finishing von Whisky in besonderen Fässern zunehmend populär. Man nutzt Portwein-, Sherry-, Madeira- und Burgunderfässer, um dem Whisky eine bestimmte Geschmacksdimension zu verleihen. Auch hier ist die Holzart der entscheidende Faktor.

THE ISLAND MALT
Estd 1995
PRODUCT OF SCOTLAND
The Arran Malt
SINGLE MALT SCOTCH WHISKY
AGED 10 YEARS
NON CHILL FILTERED
THE ISLAND MALT
PRODUCT OF SCOTLAND
Estd 1995
The Arran Malt
SINGLE MALT SCOTCH WHISKY
700ml e 46%alc./vol.
AGED 10 YEARS
NON CHILL FILTERED

SCHOTTLAND

Scotch Whisky hat Kultcharakter und gehört zum kulturellen Erbe Schottlands. Land und Getränk sind zu Synonymen geworden.

Schottland ist gemeinhin als Heimat des Whiskys bekannt. Das feuchte und kühle Klima erweist sich nicht immer als menschenfreundlich, doch es ist ideal für Gerste und Torf, die beiden wichtigen Rohstoffe für guten Whisky.

Inzwischen wird auch in anderen Ländern großartiger Whisky produziert. Einige glauben, die Iren seien bei der Destillation sogar die Vorreiter gewesen, doch die Geschichte wird immer von den Gewinnern geschrieben, und der Whisky wurde zweifelsfrei zu einem echten Trumpf für dieses kleine Land in Nordeuropa. Der Export von Scotch Whisky erreichte 2012 einen Rekordumsatz von 4,3 Milliarden Pfund und brachte dem Fiskus rund 1 Milliarde Pfund an Steuern ein. Die 140 Millionen Kisten Scotch, die in 200 verschiedene Länder exportiert wurden, machen ein Viertel des Exports an Lebensmitteln und Getränken des gesamten Vereinigten Königreichs aus. In schottischen Lagerhäusern ruhen weitere 20 Millionen Fässer. 108 Brennereien dürfen Scotch Whisky erzeugen. Rund 10000 Menschen sind direkt, weitere 35000 mittelbar in der Branche beschäftigt.

Es überrascht nicht, dass die Bezeichnung „Scotch Whisky" eifersüchtig geschützt wird und nur für Whisky gilt, der unter streng definierten Bedingungen in Schottland produziert wurde und gereift ist. Obwohl schottischer Whisky bereits seit hunderten von Jahren produziert wird, geht die gültige Definition von Scotch auf einen Gerichtsprozess im Jahr 1905 in Islington (London) zurück. Der dortige Borough Council beschuldigte zwei Wein- und Schnapshändler, einen „Fine Old Scotch Whisky" zu verkaufen, der in Qualität und Zusammensetzung nicht den Vorschriften des Sale of Food and Drugs Act von 1875 entsprach. In dieser Zeit des populären Grain Whiskys bestand das Getränk aus 90 Prozent Grain und nur 10 Prozent Malt Whisky.

Der Stadtrat von Islington gewann den Prozess, obwohl die Händler massiv von den Produzenten des Grain Whiskys unterstützt wurden. Eine königliche Kommission sollte daraufhin analysieren, was genau einen „Whisky" ausmacht. Laut deren Bericht von 1909 bezeichnet „Scotch Whisky" Malt, Grain und Blended Whisky.

Ab da war Scotch Whisky als in Schottland aus Getreide, Wasser und Hefe gewonnener Branntwein definiert.

Er muss in Schottland mindestens drei Jahre in Eichenfässern gelagert werden, die maximal 700 Liter (185 Gallonen) fassen. Auf dieser Basis entwickelten sich hunderte schottische Whiskymarken. Blended Scotch wie Chivas Regal, Ballantine's und Johnnie Walker zählen zu den größten Spirituosenmarken der Welt. Malts wie Glenfiddich, Glenmorangie und Highland Park halfen, den Umsatz weiter anzukurbeln. In den vergangenen 30 Jahren hat deren Marketing eine anspruchsvolle Zielgruppe im Visier, die sie mit Kennerschaft und Exklusivität umschmeicheln.

Malt Whisky, früher ein ausgesprochenes Nischenprodukt, wurde ab den 1970er- und 1980er-Jahren stärker vermarktet, nachdem die Brennereien sein marktwirtschaftliches Potenzial entdeckten. Ihr Marketing war so gut, dass Blended Whisky daraufhin als minderwertiger erachtet wurde. In den letzten Jahren konnte diese Entwicklung wieder etwas gedreht werden. Die Blended-Marken schufen neue Varianten, die gezielt auch die exklusive Klientel ansprechen. Blended Whisky macht heute den Großteil des mengenmäßigen Umsatzes aus.

Scotch Whisky kommt aus den Regionen Highlands, Lowlands, Speyside, Islay und Campbeltown. Jede dieser Regionen produziert, so sagt man, Whiskys mit eigenem Charakter. Lowlands Whiskys wie Glenkinchie und Auchentoshan gelten beispielsweise als sanft und leicht, ohne die in anderen Regionen ausgeprägte Torfnote. Islay Malts wie Bowmore und Laphroaig sind dagegen ausgesprochen torfig und rauchig, wodurch sie sich deutlich abheben, aber auch gewöhnungsbedürftig sind. Gelegentlich wird diskutiert, ob solche pauschalen Definitionen heute noch gültig sind. Die Bedingungen in den jeweiligen Regionen trugen historisch zwar dazu bei, die Whiskys abzugrenzen, doch verwischen sich inzwischen die

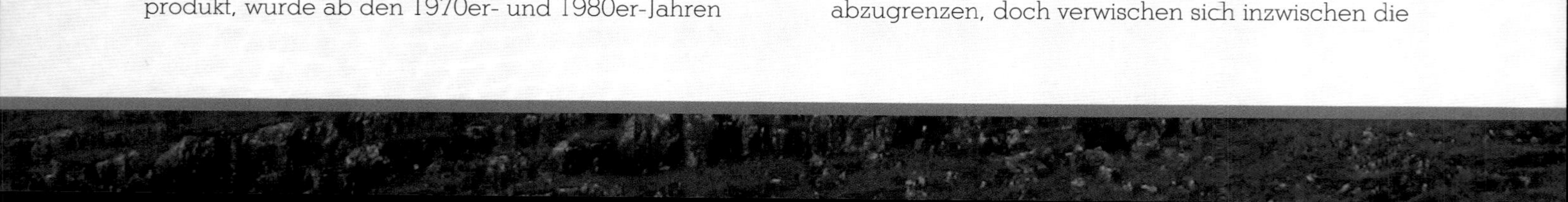

Malts wie Glenfiddich, Glenmorangie und Highland Park halfen, den Umsatz weiter anzukurbeln.

Unterschiede, denn die Brennereien bemühen sich, neue Whiskys zu kreieren, die den modernen Konsumenten ansprechen.

So oder so sieht die Zukunft des Scotch Whisky rosig aus, mit wachsender Nachfrage und kräftigen Investitionen. Nur rund 20 Prozent der schottischen Whisky-Produktion liegt heute in Händen einheimischer Unternehmer, denn internationale Konzerne wie Diageo (Johnnie Walker, J&B und Cardhu), Pernod Ricard (Ballantine's, Chivas Regal und The Glenlivet) und Bacardi (Dewar's, William Lawson's und Aberfeldy) dominieren den Markt. Immerhin investieren sie Milliarden in neue und erweiterte Betriebe in Schottland. Und mit ihrem Marketing und Vertriebsnetz können sie Scotch weltweit zum Erfolg verhelfen. Auch den etwas kleineren Unternehmen geht es gut. Neue Akteure tauchen auf, die oft in alte Brennereien und Lagerbestände investieren. Der Südafrikaner Billy Walker etwa hat seit 2004 einige fast vergessene Brennereien gekauft und The BenRiach, The GlenDronach und Glenglassaugh wieder in den Fokus gerückt.

Doch egal woher der Produzent kommt, der Whisky ist und bleibt schottisch.

SPEYSIDE

Die Region Speyside erstreckt sich über Morayshire sowie das Gebiet der Highlands und bildet das Kernland der schottischen Whisky-Produktion. Auf fruchtbaren Schwemmlandböden gedeiht im Golfstromklima exzellente Gerste. Die zahlreichen Verstecke im Gebirge machten die Region früher zum Zentrum der Schwarzbrenner. Heute arbeiten hier – ganz legal – rund zwei Drittel der Malt-Whisky-Brennereien Schottlands.

Die erste Lizenz zum Destillieren von Whisky in Schottland wurde 1824 an George Smith und seinen Sohn John Gordon Smith von der The Glenlivet Distillery in Speyside erteilt. Der Glenlivet-Stil wurde so bekannt, dass viele Brennereien den Namen adoptierten. Einige lagen so weit entfernt, dass man scherzte, der Glenlivet müsse der längste Glen in Schottland sein. 1870 ließen die Smiths den Namen in London registrieren. Trotz juristischer Schritte nutzten andere Destillerien die Bezeichnung „Glenlivet" noch viele Jahre weiter.

Allgemein gesagt, bilden die Speyside Whiskys zwei Gruppen. Da sind zum einen leichte, grasige Whiskys wie The Glenlivet. Zum anderen gibt es volle, süße, Sherry-geprägte Whiskys wie The Macallan und Glenrothes. Generell verwendet man in Speyside nur schwach getorfte Gerste. Die Whiskys sind meist leichter als andere Highland- und Island Whiskys, doch es gibt Ausnahmen wie The BenRiach und Ballantruan.

Generell verwendet man in Speyside nur schwach getorfte Gerste. Die Whiskys sind meist leichter als andere Highland- und Island Whiskys.

Eine allgemeine Charakterisierung von Speyside Whisky gibt es nicht, denn der Stil hat sich mit der Zeit geändert. Über die Hälfte der schottischen Brennereien residieren in der Region, doch ihre genaue Zahl lässt sich nicht ermitteln, denn es gibt Diskussionen, ob bestimmte Destillerien dem Highland oder Speyside zuzuordnen sind. Um die Verwirrung komplett zu machen, verweisen manche Brennereien aus Speyside auf ihren Etiketten auf das Highland, etwa The GlenDronach und anCnoc.

Ganz sicher gibt es hier 50 bis 60 aktive Brennereien. Unbestritten kommen aus Destillerien der Region einige der weltweit umsatzstärksten Whiskys wie Glenfiddich, Glen Grant und The Macallan.

Aberlour

Aberlour Whisky zählt zu den Top 10 der weltweit verkauften Scotch Single Malts. In Frankreich, wo mehr Whisky getrunken wird als in jedem anderen europäischen Land, ist er der beliebteste Single Malt. Der Whisky folgt einem eher traditionellen Stil, da alle Versionen des Sortiments gewisse Zeit in Sherryfässern reifen. Zum Sortiment gehören 10, 12, 16 und 18 Jahre gereifte Abfüllungen und eine limitierte Version in Cask Strength (Fassstärke). Dieser A'bunadh hebt sich neben der Abfüllung in Cask Strength durch die ausschließliche Verwendung von Oloroso-Sherryfässsern ab.

A'bunadh Batch 42

Ein wuchtiger Single Malt aus dem Sherryfass; ausdrucksvoll würzig, mit Anklängen von dunkler Schokolade, Früchtekuchen, Marzipan und Trockenfrüchten.

★ Alk.: 60,3 Vol.-%
★ Typ: Single Malt

WHISKY-ZITATE

„Es stimmt, dass Whisky mit dem Alter besser wird. Je älter ich werde, umso mehr mag ich ihn."

– Ronnie Corbett

Benrinnes

Die Benrinnes-Destillerie ist kaum bekannt, darum stößt man auf diesen Whisky nur, wenn man gezielt danach sucht. Die Destillerie gehört zu Diageo, steht aber nicht im Rampenlicht wie einige andere Vorzeigedestillerien des Konzerns. Benrinnes ist eher ein bodenständiges Unternehmen, das am Fuß des Benrinnes gehaltvollen, hochwertigen Whisky produziert, der als Grundlage für einige berühmte Blends dient. Das Stammsortiment umfasst die 15-jährige Version aus der Serie Flora & Fauna. In den 1980er- und 1990er-Jahren gab es verschiedene, unterschiedlich alte Abfüllungen. Die jüngste war 2010 ein 12-jähriger Whisky in Cask Strength aus der Serie The Managers' Choice mit nur 324 Flaschen.

15 Jahre

Kräftiger und intensiver Whisky, würziger im Charakter als andere Speyside-Whiskys, mit Noten von Leder, Pfeffer und dunklem Früchtekuchen.

★ Alk.: 43 Vol.-% ★ Typ: Single Malt

The Balvenie

Die Destillerie The Balvenie ist einzigartig unter den schottischen Destillerien, denn es erfolgen alle Produktionsschritte vor Ort. Die Destillerie baut ihre eigene Gerste an und mälzt sie. Ein hauseigener Kupferschmied kümmert sich um die Brennblasen, und in der Küferei werden Fässer gefertigt und gewartet. The Balvenie gehört zu den wenigen verbliebenen schottischen Destillerien in Familienbesitz von William Grant & Sons seit der Gründung 1892. The Balvenie hat sich seit damals zu einem der bekanntesten Malt Whiskys entwickelt.

Heute produziert The Balvenie rund 6,4 Millionen Liter (1,7 Millionen Gallonen) Destillat und zählt zu den Top 10 der weltweit meistverkauften Malts. 1996 war The Balvenie eine der ersten Brennereien, die einen im Portweinfass ausgebauten Whisky herausbrachte – heute in vielen Destillerien üblich, aber damals eine Neuerung. The Balvenie und eine andere Destillerie entwickelten das Konzept des Finishing in Holzfässern und bereiteten so den Weg zu mehr Aromen im Bereich der Malt Whiskys.

Das zuvor häufig geänderte Sortiment hat sich nach den 2012 vorgestellten drei Versionen etwas stabilisiert. Aktuell im Angebot sind 12 und 17 Jahre alte DoubleWood (teilweise in Olorosofässern gereift), 12 und 15 Jahre alte Single Barrel, 21 Jahre alte PortWood, Thirty (30 Jahre) und Forty (40 Jahre). Neben Duty-free-Versionen gibt es eine Reihe limitierter Abfüllungen, die bei Sammlern begehrt sind und als solide Investition gelten. Nicht mehr produziert werden die Versionen Founder's Reserve (10 Jahre) und Signature (12 Jahre).

Single Barrel, 12 Jahre

Weicher Whisky mit Honignote, perfektes Beispiel für den Stil des Hauses Balvenie; Anklänge von Schokolade, Orange, frisch gesägter Eiche und Biskuit mit etwas Kokosnuss.

⋆ Alk.: 47,8 Vol.-% ⋆ Typ: Single Malt

DoubleWood, 17 Jahre

Süßes Gebäck mit Datteln und Rosinen, getränkt mit Honig. Im Hintergrund tauchen zarte Spuren von Vanilleeis und Kompott auf.

⋆ Alk.: 43 Vol.-% ⋆ Typ: Single Malt

THE
BenRiach
DISTILLERY
BENRIACH
1898
DISTILLERY

The BenRiach

Als der aktuelle Eigentümer (The BenRiach Distillery Co. Ltd.) die Destillerie 2004 von Chivas kaufte, erhielt The BenRiach neuen Auftrieb. Seit den 1960er-Jahren hatte die Brennerei lediglich die einzige Aufgabe, große Mengen von gutem Malt Whisky – getorft und ungetorft – zu produzieren, der für Blends aus dem Sortiment von Chivas genutzt wurde. Seit der Übernahme entwickelten sich Destillerie und Whisky zusehends. Die neuen Eigentümer erwarben von Chivas zahlreiche gereifte Fässer. Man benannte den Whisky um und machte ihn mit einer neuen Aufmachung und einer Reihe neuer Abfüllungen fit für das 21. Jahrhundert.

Für das Finishing experimentierte man mit verschiedenen gebrauchten Fässern wie Madeira, Rum, Portwein und Wein. Und man entdeckte offenbar vergessene Fässer mit getorftem BenRiach in ausgezeichneter Qualität, der als Single Malt abgefüllt und verkauft wurde. Das Ergebnis war erstaunlich: Heute zählt die Destillerie zu den ganz wenigen renommierten Anbietern von getorftem Whisky in Speyside und auf dem Festland. Das Sortiment besteht aus Heart of Speyside und The BenRiach (12, 16, 20, 25 und 30 Jahre). Diese Versionen sind typische Speyside-Whiskys, während Birnie Moss, Curiositas (10 Jahre), Septendecim (17 Jahre) und Authenticus (25 Jahre) starkt getorft sind. Neben diesem Kernsortiment findet man zahlreiche Single Cask – mit und ohne Torf – und in Holz ausgebaute Versionen.

12 Jahre

Süßer, köstlicher Whisky – ein sehr guter Einstieg für den Scotch-Neuling. Anklänge von Honig und Vanille verbinden sich mit weichen, fruchtigen Aromen.

⭑ Alk.: 40 Vol.-% ⭑ Typ: Single Malt

Curiositas, 10 Jahre

Intensives Torfaroma, aber ohne den bei manchen getorften Whiskys zu findenden Geschmack nach Medizin. Spuren von Honig, Nüssen, Vanille und würziger Eiche, verbunden mit zartem Rauch- und subtilem Torfaroma.

⭑ Alk.: 40 Vol.-% ⭑ Typ: Single Malt

Benromach

Aktuell produziert Benromach, die kleinste Destillerie der Region Speyside, nur mit einem Viertel ihrer Kapazität. Als das Familienunternehmen Gordon & MacPhail die Brennerei 1993 kaufte, war diese weitgehend baufällig und musste saniert werden. Die Geschichte von Gordon & MacPhail, einem unabhängigen Abfüller und Blender, reicht bis 1895 zurück und ist somit drei Jahre älter als diese Destillerie. Das Sortiment umfasst den Traditional (ohne Altersangabe), eine 10-jährige Version und eine jährliche Abfüllung in Fassstärke. 2006 präsentierte Benromach den ersten Single Malt in Bioqualität. Es gibt eine Kollektion mit Jahrgangswhiskys neben Versionen, die in unterschiedlichem Holz gereift sind, sowie getorfte Abfüllungen.

Organic

Dieser Whisky war weltweit der erste mit Biozertifikat. Der kräftige Whisky zeigt Noten von Zitronenbonbons und Bananenkuchen, ist ausgesprochen würzig mit einer Spur tropischer Frucht.

★ Alk.: 43 Vol.-% ★ Typ: Single Malt

Was sagt uns das Alter?

Viele Whiskytrinker suchen auf einer Flasche neben dem Namen des Produzenten sofort nach der Angabe des Alters. Ist der Whisky 8, 12, 15, 25 oder sogar 50 Jahre alt?

Das Alter wurde zu einem Synonym für Qualität. Je älter ein Whisky, umso mehr Aromen sollte er aus der Eiche aufgenommen haben. Ein alter Whisky muss aber nicht immer ein besserer sein. Ein Whisky ist immer nur so gut wie das Fass, in dem er gereift ist. 30, 40 oder 50 Jahre sind keine Garantie für besonderen Genuss, aber immer für einen hohen Preis.

Scotch Whisky muss mindestens drei Jahre reifen, Malts lagern meist viel länger. Die Zeit im Fass gilt als der Faktor, der den Charakter eines Whiskys am nachhaltigsten prägt. Der Brand verliert seinen zunächst unangenehm scharfen Geschmack und entwickelt ein komplexeres Aromenprofil. Dieser Prozess kann sich über viele Jahre hinziehen.

Die Altersangabe bezieht sich immer auf den jüngsten Whiskyanteil in einer Flasche. Auch Single Malts werden verschnitten: Brände aus verschiedenen Jahren werden gemischt, um über Jahre

einen gleichbleibenden Geschmack zu erzielen. Einige Märkte wie Italien bevorzugen offenbar jüngere Whiskys. Es gibt auch eine Tendenz zu Whisky ohne Altersangabe (NAS – No Age Statement), wie es The Macallan, Wild Turkey, Johnnie Walker und The Dalmore praktizieren. Das liegt zum Teil an der Knappheit älterer Whiskys, weshalb die Destillerien jüngere Whiskys auf den Markt bringen müssen.

Cragganmore

Die Destillerie Cragganmore wurde 1869 in einer Boomphase des Scotch gegründet und bestens ausgestattet. Man wählte einen Standort in der Nähe der neuen Eisenbahnlinien, um Rohstoffe herbeischaffen und Whisky ausliefern zu können. Dies war damals ein entscheidender Vorteil gegenüber den älteren Brennereien. Cragganmore etablierte sich mit einem erstklassigen Whisky und wurde zum wichtigen Lieferanten von Malt für James Watson & Co., damals einer der Großen in der Branche und Besitzer von drei anderen Brennereien.

Cragganmore ging mit der Zeit und modernisierte den Betrieb mehrmals. 1901 und 1964 wurden Erweiterungsmaßnahmen durchgeführt. Allerdings behielt man bis heute einige der alten Destilliergeräte wie die Brennblasen mit flacher Haube und die Kondensierbottiche bei. Heute gehört Cragganmore zu Diageo und liefert Malt für die Blends White Horse und Old Parr. 1988 wurde die Destillerie als Repräsentant von Speyside in Diageos Classic Malts Selection ausgewählt. Seither hat der Whisky stetig an Popularität und Wertschätzung zugelegt.

Wie alle Classic Malts präsentiert Cragganmore ein sehr kompaktes Kernsortiment mit nur ganz wenigen limitierten Abfüllungen. Zum Stammsortiment gehören ein 12 Jahre alter Malt und eine in Portweinfässern ausgebaute Distillers Edition. Gelegentlich findet man unabhängige Abfüllungen von Cragganmore, die wie bei allen klassischen Malts äußerst rar sind.

12 Jahre

Ein weicher, in Sherry- und Bourbonfässern gereifter Whisky. Süß und fruchtig, mit Anklängen von Shortbread, Orangenzesten und Honig.

⭑ Alk.: 40 Vol.-% ⭑ Typ: Single Malt

2000 Port Wood Finish – The Distillers Edition

Jährlich abgefüllt und teilweise in alten Portweinfässern gereift. Weich und süß mit Honig- und Getreidenoten, kombiniert mit der üppigen Fruchtigkeit roter Beerenkonfitüre.

⭑ Alk.: 40 Vol.-% ⭑ Typ: Single Malt

Cardhu

Nur wenige Destillerien in Schottland blicken auf eine ähnliche Erfolgsgeschichte zurück wie Cardhu. Schon in der Anfangszeit war die Nachfrage offenbar größer als die verfügbare Menge. Das Unternehmen John Walker & Sons begeisterte sich für die Qualität des Cardhu-Whiskys, machte ihn zu einem wesentlichen Teil seiner Blends und kaufte die Destillerie. Bis heute ist der Cardhu sehr gefragt und noch immer eine wichtige Komponente des Johnnie Walker Blends. Der Großteil des Whiskys von Cardhu wird in Europa, vor allem in Spanien verkauft. Im Vereinigten Königreich war er lange nur direkt in der Destillerie erhältlich. Zum Kernsortiment gehören 12, 15 und 18 Jahre alte Abfüllungen und der Cask Reserve.

12 Jahre

Klassischer Speyside: weicher, gut trinkbarer Whisky mit malziger Süße, Noten von Honigpfannkuchen, Vanille, Zitrus, Apfelkompott und Toffee.

⋆ Alk.: 43 Vol.-% ⋆ Typ: Single Malt

WHISKY-ZITATE

„Ich möchte 150 Jahre alt werden. Am Tag, an dem ich sterbe, möchte ich in der einen Hand eine Zigarette und in der anderen ein Glas Whisky halten.“

– Ava Gardner

Dailuaine

Dailuaine ist eine der größten Destillerien in der Diageo-Gruppe, doch nur rund zwei Prozent des dort gebrannten Whiskys werden als Single Malt selbst abgefüllt. Der Rest ist für die umsatzstarke Marke Johnnie Walker von Diageo bestimmt. Die 1852 gegründete Brennerei erhielt 1889 als erste Destillerie in Schottland ein Gebäude mit Pagodendach. Mit diesem architektonischen Experiment wollte man den Rauch effizienter aus den Darrböden ableiten. Die Konstruktion erwies sich als erfolgreich, sodass das Pagodendach zum Merkmal vieler Destillerien und zu einem Element der schottischen Landschaft wurde. Das Kernsortiment von Dailuaine besteht aus einer einzigen Abfüllung, einem 16 Jahre alten Whisky der Serie Flora & Fauna.

16 Jahre

Ein unglaublich kräftiger, in Sherryfässern gereifter Whisky. Vollgepackt mit üppiger, süßig-würziger Trockenfrucht und einem Hauch Rauch.

⋆ Alk.: 40 Vol.-% ⋆ Typ: Single Malt

The GlenDronach

In den 1970er-Jahren gehörte The GlenDronach zu den fünf meistverkauften Single Malts. Leider geriet dieser einst sehr bekannte Whisky bedingt durch Stilllegungen, Besitzerwechsel und Vernachlässigung ins Abseits. Nach einem kontinuierlichen Niedergang blieb die Destillerie von 1996 bis 2002 geschlossen. Danach war sie bis zur erneuten Stilllegung 2005 wieder kurz aktiv. Es begann ein grundlegender Umbau der Destillerie, bei dem die Brennblasen von der altertümlichen direkten Befeuerung mit Kohle auf indirekte Beheizung mittels Dampf-Kühlfiltrierung umgestellt wurden. Es waren die letzten mit Kohle befeuerten Brennblasen in Schottland.

2008 begann für die Brennerei eine neue Ära. Pernod Ricard (Chivas) verkaufte die Destillerie für 15 Millionen Pfund an The BenRiach Distillery. Der neue Eigentümer bemühte sich, diesem Whisky wieder zu seinem alten Glanz zu verhelfen. Die Umsätze stiegen seither deutlich an, und The GlenDronach rückte weltweit wieder ins Blickfeld der Whisky-Kenner.

Die Destillerie war immer für ihren mächtigen und intensiven, vom Sherryfass geprägten Stil bekannt. Inzwischen setzt man auch einige Bourbonfässer ein. Die Investition von beachtlichen fünf Millionen Pfund in Sherryfässer unterstreicht, dass dem Ehrgeiz von The GlenDronach künftig nichts im Wege steht. Zum Kernsortiment gehören die limitierte Edition Octarine – 8 Jahre, 12 Jahre Original, Revival – 15 Jahre, Allardice – 18 Jahre, 21 Jahre Parliament und zwei in zuvor mit Sauternes bzw. Tawny Port befüllten Fässern ausgebaute Versionen. Darüber hinaus gibt es wie bei The BenRiach Single-Cask- und experimentelle Abfüllungen.

12 Jahre, Original

Reicher, wärmender Whisky im klassischen Stil von GlenDronach, mit Anklängen getrockneter Früchte, Karamell, Vanille, braunen Zuckers und Zimt.

* Alk.: 43 Vol.-% * Typ: Single Malt

Revival, 15 Jahre

Die längere Reifung sorgt für einen noch üppigeren Charakter. Die klassischen Fruchtaromen des Sherryfasses vermischen sich mit dunkler Schokolade, saftigem Obst und Haselnuss.

* Alk.: 46 Vol.-% * Typ: Single Malt

Glenfarclas

Glenfarclas ist eine der wenigen Destillerien, die sich noch in Familienbesitz befinden und in denen Familienmitglieder aktiv mitarbeiten. Die Familie Grant (nicht identisch mit William Grant von The Balvenie/ Glenfiddich) hat entschlossen die Unabhängigkeit ihrer seit fast 150 Jahren bestehenden Brennerei bewahrt, obwohl bereits viele große Unternehmen sie übernehmen wollten. Sie bewahren ihren wuchtigen, vollen Stil und halten an der Tradition fest. Aktuell werden rund 3,5 Millionen Liter (925 000 Gallonen) produziert. Die Brennblasen gelten als die größten in Speyside. Die Destillerie war lange für ihren intensiv von Sherry geprägten Whisky bekannt. Nur wenige andere Brennereien pflegen heute diesen Stil so engagiert, und nicht alle beherrschen ihn ähnlich gut. Bei Glenfarclas verwendet man bevorzugt Sherryfässer aus Spanien, in denen zuvor Oloroso und Fino gelagert wurden. Trotz ihres ausgesprochen traditionellen Whisky-Stils zeigt sich diese Destillerie offen für Innovationen: Sie war 1968 die erste Brennerei, die einen Whisky in Fassstärke auf den Markt brachte. Das Kernsortiment umfasst 10, 15, 21, 25, 30 und 40 Jahre alte Abfüllungen, dazu den 105 Cask Strength. In den USA und in Japan ist ein 17 Jahre alter, im Duty-free-Handel ein 18 Jahre alter Glenfarclas verfügbar. Nur ganz wenige Destillerien verfügen über ein Kernsortiment, das Brände von 10 bis 40 Jahren mit fast allen Zwischenstufen präsentiert. Doch damit nicht genug: Glenfarclas bietet auch noch die Serie The Family Casks an. Sie ist etwas ganz Besonderes und präsentiert einige der ältesten Whiskys der Destillerie. Abfüllungen als Single Cask und in Cask Strength sind für alle Jahrgänge von 1952 bis 1996 verfügbar. Um dieses unglaubliche Sortiment komplett zu machen, kommen noch verschiedene Jubiläums- und limitierte Abfüllungen hinzu.

Diese Fülle an wertvollem Lagerbestand ist einzigartig. Eine derart umfassende „Bibliothek" von Jahrgangsabfüllungen wird man bei keiner anderen Destillerie finden. In der Vergangenheit gab es auch unabhängige Abfüllungen, doch sind sie schwer aufzutreiben, denn gewöhnlich erfolgten sie unter anderem Namen, und „Glenfarclas" wird nicht auf dem Etikett auftauchen.

15 Jahre

Weich und seidig, aber mit etwas Biss. Süße, würzige Frucht und Butterkaramell verbinden sich mit dunklen Trauben und etwas Torf.

⋆ Alk.: 43 Vol.-% ⋆ Typ: Single Malt

21 Jahre

Weich und komplex mit leichteren Aromen als der 15-Jährige. Bratapfel mit Schokorosinen, Vanille und Lebkuchen.

⋆ Alk.: 43 Vol.-% ⋆ Typ: Single Malt

105 Cask Strength

Die wuchtige intensive Frucht des Whiskys ist umwerfend. Am Gaumen entwickelt er seine Süße und zündet eine Explosion von traubiger Frucht, intensiver Würze und Siruparomen.

⋆ Alk.: 60 Vol.-% ⋆ Typ: Single Malt

Glenfiddich

Glenfiddich ist seit vielen Jahren der Single Malt, der sich weltweit am besten verkauft. Im Vergleich wirken die Nachbardestillerien wie Zwerge. Man produziert mit traditionellen Geräten im industriellen Maßstab. Zwei Maischebottiche, die jeweils 11,5 Tonnen Malzschrot fassen, beeindruckende 24 Gärbottiche und 28 Brennblasen ermöglichen eine Jahresproduktion von unglaublichen zehn Millionen Litern (2,65 Millionen Gallonen).

Dieser Erfolg kam natürlich nicht über Nacht, sondern wurde seit der Gründung der Destillerie 1887 systematisch erarbeitet. Eine Kombination aus innovativen Ideen, cleverer Strategie und einem guten Produkt brachte Glenfiddich an die Spitze. Die wichtigste Entscheidung fiel 1963, als Glenfiddich als erste Destillerie ihren Whisky als Single Malt vermarktete. Es erscheint kurios, dass eine Brennerei seit ihrer Gründung 77 Jahre verstreichen lässt, bevor sie ihren eigenen Single Malt auf Flaschen zieht und verkauft. Doch bis dahin lebten Destillerien üblicherweise davon, ihren Whisky an Blender und Abfüller zu verkaufen, aus deren Produkten die heute bekannten großen Marken entstanden.

Dieser mutige Schritt zahlte sich aus, und 1969 war Glenfiddich erneut Vorreiter mit der Eröffnung des ersten Besucherzentrums in einer Destillerie. Andere Brennereien folgten diesem Vorbild. Die Art und Weise, wie Whisky wahrgenommen, gekauft und konsumiert wird, änderte sich nachhaltig.

Bis heute befindet sich die Destillerie im Besitz der Gründerfamilie William Grant & Sons. Zum Unternehmen gehören noch die Destillerie The Balvenie und der bekannte Grant's Blend. Das Kernsortiment umfasst 12, 15 (Solera Vat), 18 und 21 Jahre (Gran Reserva, in Rumfässern ausgebaut) alte Whiskys, dazu eine 15 Jahre alte Distillery Edition. Es gab auch Abfüllungen mit 30, 40 und 50 Jahren. Für den Duty-free-Handel gibt es spezielle Versionen, wie die Serie Age of Discovery. Im Lauf der Jahre kamen zahlreiche limitierte und Jubiläumseditionen heraus, die heute zum Teil sehr begehrt sind.

12 Jahre

Dieser klassische, süße und fruchtige Whisky ist bestens geeignet, um weltweit Whiskytrinker für Single Malt zu begeistern.

⭑ Alk.: 40 Vol.-% ⭑ Typ: Single Malt

Distillery Edition, 15 Jahre

Dieser mit höherem Alkoholgehalt abgefüllte Glenfiddich zeigt mehr Biss und Geschmack. Subtile blumige Noten entfalten sich zu Aromen dunkler Früchte, von Pfeffer und Eiche.

⭑ Alk.: 51 Vol.-% ⭑ Typ: Single Malt

21 Jahre

Diese Abfüllung reift zunächst in amerikanischen Eichenfässern und zum Schluss rund vier Monate in Rumfässern. Der Whisky ist tief, üppig und komplex, mit Noten von Geißblatt, Feigen, Dattelkuchen mit Karamellsauce und Rumrosineneis.

⭑ Alk.: 43 Vol.-% ⭑ Typ: Single Malt

Der weltweit führende Malt

Dieser weltbekannte Whisky verdankt seinen Namen dem Glen Fiddich, dem „Tal des Hirsches", in dem die Destillerie in Dufftown liegt. Der Hirsch im Logo weist auf die Herkunft hin.

Seit der Gründung 1887 durch William Grant hat sich die Destillerie Glenfiddich zum größten schottischen Produzenten von Single Malt Whisky mit einer Kapazität von zehn Millionen Litern (2,65 Millionen Gallonen) Branntwein pro Jahr entwickelt. Er gilt als der weltweit meistverkaufte Single Malt: 2007 kam jede siebte verkaufte Flasche von Glenfiddich.

Unabhängig von seinem Rang in der Verkaufsstatistik kann Glenfiddich für sich beanspruchen, das Revival des Malt Whiskys eingeläutet zu haben. Das Familienunternehmen hatte immer ein Gespür für Marketing. Bereits 1909 ging Charles Gordon, der Schwiegersohn von William Grant, auf eine weltweite Promotiontour. 1961 führte man die extravagante, von Hans Schleger entworfene, dreieckige Flasche ein.

Seit 1963 preist Glenfiddich den Malt Whisky, obwohl Blended Whiskys bevorzugt werden. Man erkannte die Bedeutung neuer Vertriebswege wie den Duty-free-Handel und verschaffte sich so eine unangefochtene Spitzenposition.

Heute ist das Lieblingsgetränk von Inspektor Morse (britische Krimireihe) in verschiedenen Varianten, darunter die Klassiker mit 12 und 15 Jahren, verfügbar.

Glen Grant

Glen Grant ist in Europa ein Renner, speziell in Italien, wo er über viele Jahre der meistverkaufte Single Malt war. In den Anfangsjahren galt Glen Grant als industrieller Vorreiter und gehörte zu den ersten, die den eigenen Whisky in Flaschen abfüllten. Heutzutage ist man weniger innovativ, doch die jungen und preiswerten Abfüllungen dienen als Einstieg, während ältere unabhängige Abfüllungen von Whisky-Kennern weltweit geschätzt werden. Die Reifung erfolgt meist in amerikanischen Eichenfässern, zusätzlich gibt es einige Sherryfässer. Das Kernsortiment besteht aus The Major's Reserve (ohne Altersangabe) sowie 10 und 15 Jahre alten Versionen. Speziell für Italien wird eine 5 Jahre alte Version abgefüllt.

10 Jahre

Ein leichter, klarer Whisky, mit viel Vanille und Frucht. Das leichte Nussaroma geht in ein dezent-würziges Finish über.

⋆ Alk.: 40 Vol.-% ⋆ Typ: Single Malt

Glenlossie

Schon die ersten Whiskys von Glenlossie waren bei Blendern als Bestandteil verschiedener Whiskys begehrt. Das ist bis heute so, denn der Hauptteil der Produktion von Glenlossie wird für die bekannte Marke Haig verarbeitet. Wegen seiner Popularität als Whisky für Blends – rund 99 Prozent der Produktion sind dafür bestimmt – ist Glenlossie als Single Malt kaum zu finden. Die erste offizielle Abfüllung von Glenlossie kam 1990 auf den Markt, eine 10 Jahre alte Version innerhalb der Serie Flora & Fauna, die bis heute einzige verfügbare reguläre Abfüllung. Zum Glück gibt es zahlreiche unabhängige Abfüllungen.

Berry Brothers Glenlossie 1992, 20 Jahre, Cask N° 3464

Fast schon übersüß; kandierte Früchte verbinden sich mit würziger Eiche und Vanillesauce zu einem sahnig-weichen Mundgefühl.

⋆ Alk.: 46 Vol.-% ⋆ Typ: Single Malt

WHISKY-ZITATE

„Es gibt zwei Dinge, die ein Highlander nackt mag, eins davon ist Malt Whisky."

– Schottisches Sprichwort

The Glenlivet

The Glenlivet gehört zu den bekanntesten Single Malt Whiskys und ist weltweit erhältlich. Die 1824 gegründete Destillerie ist eine der Brennereien für Malt Whisky in Speyside und spielt mit rund zehn Millionen Litern (2,65 Millionen Gallonen) Jahresproduktion in einer Liga mit Glenfiddich. 1824 war ein turbulentes Jahr in der Geschichte des Whiskys, denn viele illegale Brennereien wurden geschlossen. Durch den Excise Act aus dem Vorjahr war es nun einfacher und billiger, eine offizielle Brennlizenz zu erwerben. The Glenlivet war die einzige Destillerie, die diesen Schritt tat, wodurch sich der Besitzer George Smith bei seinen Nachbarn im Tal höchst unbeliebt machte. Er bekam Drohungen, man werde seine Destillerie anzünden und ihn umbringen. Angesichts dieser ernsten Drohungen trug George über Jahre, Tag und Nacht, zwei Pistolen bei sich.

Das klassische Sortiment präsentiert 12, 15 (Old French Oak Reserve), 18 und 21 Jahre alte Abfüllungen sowie The Glenlivet XXV. Zusätzlich werden in der nicht kalt gefilterten Serie Nàdurra ein 16-Jähriger in Fassstärke, ein weiterer 16-Jähriger mit 48 Vol.-% (für den Duty-free-Markt) und der Nàdurra 1991 Triumph angeboten. Daneben findet man im Duty-free-Handel und in bestimmten Ländern verschiedene exklusive Versionen wie den 12 Jahre alten Excellence, den es nur in Hongkong gibt. Die 2012 aufgelegte Cellar Collection lockt mit sehr alten Abfüllungen.

12 Jahre

Unglaublich leicht, weich und gut trinkbar. Ein fantastischer Malt für den Einstieg; mit Noten von Honig, reifem grünem Obst und Vanille.

★ Alk.: 40 Vol.-%
★ Typ: Single Malt

Nàdurra, 16 Jahre

Honig, Vanille und süße Gewürze in der Nase, dazu Frucht und Honig am Gaumen mit einem langen, süß-würzigen Abgang.

★ Alk.: 55,5 Vol.-% ★ Typ: Single Malt

The Glenrothes

Die Destillerie The Glenrothes wurde 1878 von James Stuart gegründet und begann Ende 1879 mit der Destillation genau an jenem Tag, als ein schweres Eisenbahnunglück in Schottland passierte. Die Brücke über den Firth of Tay stürzte ein und riss einen Personenzug mit in die Tiefe. Mindestens 59 Menschen starben dabei. Wenige Jahre später stieg James Stuart aus dem Betrieb aus, was seine Geschäftspartner in finanzielle Schwierigkeiten brachte. In den folgenden vier Jahrzehnten war die Destillerie relativ erfolgreich und erweiterte unter Leitung des erfahrenen Destillateurs John Smith 1896 die Kapazität durch zusätzliche Brennblasen.

1922 erlebte der Betrieb einen katastrophalen Rückschlag, als ein Feuer eines der Lagerhäuser mit 909 200 Litern (200 000 Gallonen) Whisky vernichtete. Zum Glück konnte man im Folgejahr eine langfristige Partnerschaft mit Berry Bros. & Rudd eingehen, die 1923 den Cutty Blend schufen, bei dem Destillate von The Glenrothes eine wichtige Rolle spielten.

Mit dem wachsenden Erfolg des Blends expandierte The Glenrothes mehrmals. 1989 waren zehn Brennblasen in Betrieb mit einer beeindruckenden Kapazität von 5,6 Millionen Litern (1,7 Millionen Gallonen). The Glenrothes gehörte 1994 zu den ersten Destillerien, die auf eine Altersangabe verzichteten und dafür Jahrgangsabfüllungen ihrer Single Malts anboten. Über die Jahre kamen mehrere in den Handel – in unterschiedlicher Qualität. Die Standardabfüllung trägt die Bezeichnung Select Reserve, dazu sind aktuell die Jahrgänge 1998, 1995 und 1988 verfügbar. Die Marke gehört heute Berry Bros. & Rudd, doch die Destillerie ist im Besitz der Edrington Group, die auch die Marke Cutty Sark erworben hat.

Select Reserve

Weich und fruchtig in der Nase, am Gaumen Vanille und weiches Obst mit langem, süßem Finish.

⭑ Alk.: 43 Vol.-% ⭑ Typ: Single Malt

1998 Jahrgangswhisky

Weicher und sehr zugänglicher Whisky. In der Nase üppige, würzige Fucht, am Gaumen und im Abgang Zitrus, Toffee und Vanille.

⭑ Alk.: 43 Vol.-% ⭑ Typ: Single Malt

Knockando

Wie viele Malts des Konzerns Diageo richtet sich Knockando an einen bestimmten Markt, in diesem Fall Frankreich und Spanien, wo die Marke recht bekannt ist. Knockando ist nicht nur in Europa als Single Malt beliebt, sondern auch eine wichtige Komponente im Blend des weltweit bekannten J&B. Ungewöhnlich für eine so renommierte Destillerie ist, dass sie nicht von Besuchern besichtigt werden kann.

Man nutzt überwiegend Fässer aus amerikanischer Eiche, daneben aber auch einige Sherryfässer. Das Kernsortiment besteht aus 12, 15, 18 und 21 Jahre alten Malts. Bisher gab es nur eine Handvoll limitierter Abfüllungen, und unabhängige Abfüllungen sind nur schwer zu finden.

12 Jahre

Typischer Speysider mit leichtem Körper und Honig-Nuss-Charakter. Guter Einstieg in den Speyside-Stil.

⋆ Alk.: 43 Vol.-% ⋆ Typ: Single Malt

WHISKY-ZITATE

„Wir haben das Golfspiel – genauso wie Whiskey – von Schottland ausgeliehen. Und das nicht, weil es schottisch ist, sondern weil es gut ist."

– Horace Hutchinson

Linkwood

Linkwood erlebte in seiner Geschichte unter wechselnden Eigentümern verschiedenste Veränderungen, um der steigenden Whiskynachfrage gerecht zu werden. Aus den Erweiterungen und Modernisierungen entstand eine riesige Destillerie mit einer höchst effizienten Produktion. Trotz der Größe sind offizielle Abfüllungen von Linkwood bis auf die 12-jährige Version in der Serie Flora & Fauna selten. Dafür findet man öfter unabhängige Abfüllungen: Gordon & MacPhail bot einige Jahre einen 15-jährigen Malt an. Die meisten unabhängigen Abfüller führten irgendwann einen Linkwood in ihrem Angebot. Als relativ unbekannter Whisky können ältere unabhängige Abfüllungen ein gutes Preis-Leistungs-Verhältnis bieten.

Flora & Fauna, 12 Jahre

Leichter, süßer und feiner Whisky. Im Aroma dominieren blumige Noten und prägnanter Zitrusgeschmack, der zu Drops und leichter Nussigkeit übergeht.

⋆ Alk.: 43 Vol.-% ⋆ Typ: Single Malt

Longmorn

Den Whisky von Longmorn findet man eigentlich nur in Spezialgeschäften für Restbestände von Whisky-Abfüllungen. Longmorn gehört aktuell zu Chivas (Pernod-Ricard) und genießt leider nicht die Aufmerksamkeit wie einige andere Marken des Portfolios. Glenlivet und Aberlour spielen unangefochten die erste bzw. zweite Geige, da rückt Longmorn leider etwas in den Hintergrund.

Doch wenn man nach diesem Whisky sucht – und das lohnt sich –, wird man ihn auch irgendwann finden. Longmorn ist ein sehr gehaltvoller Speyside-Whisky mit intensivem Mundgefühl und mehr Rückgrat als viele der bekannten und süffigen Marken. Der Whisky dieser Destillerie wurde schon immer von Blendern geschätzt. Er ist ein wesentlicher Bestandteil vieler Blends, speziell von Chivas Regal und dem prestigeträchtigen Royal Salute, den man oft im Duty-free-Handel findet. Bedingt durch die große Nachfrage seitens der Blender gerät Longmorn nur selten ins Blickfeld der Whisky-Trinker, denn nur kleine Mengen werden als Single Malt abgefüllt. Die Destillerie liegt in direkter Nachbarschaft von The BenRiach – beide wurden von John Duff gegründet. Anders als BenRiach ist Longmorn, abgesehen von besonderen Gelegenheiten, nicht für Besucher geöffnet. Als einzige offizielle Abfüllung gibt es einen 16 Jahre alten Malt, der 2007 den 15-jährigen Longmorn ablöste. Zum Glück findet man zahlreiche unabhängige Abfüllungen, wie die unten vorgestellte von Douglas Laing, der die Whiskys als Single-Cask-Versionen auf Flasche zieht. Anders als reguläre Destillerieabfüllungen bieten Single-Cask-Abfüllungen einen authentischen Eindruck von der Qualität eines Hauses.

16 Jahre

Buttrig-üppig, mit sahnigem Toffee, Honig, süß-würziger Frucht und Spuren von Eiche im Finish.

⋆ Alk.: 48 Vol.-% ⋆ Typ: Single Malt

1991, 21 Jahre, Old Malt, Cask N° 8256

Ganz anders als der 16-Jährige: Süße Getreidenoten in der Nase, dazu feine Aspekte von Zitrus, Toffee und Zimt.

⋆ Alk.: 50 Vol.-% ⋆ Typ: Single Malt

The Macallan

The Macallan gehört zu den größten und bekanntesten Destillerien von Speyside und hat weltweit viele Anhänger. Die Marke hat sich über Jahrzehnte konsequent als luxuriöse Premiummarke etabliert und wird von Fans oft als „Rolls Royce unter den Whiskys" bezeichnet. Schon lange gehört er zu den fünf meistverkauften Single Malts. Inzwischen kämpft er mit The Glenlivet um Platz 2 hinter dem Marktführer Glenfiddich. The Macallan ist ein guter Einstieg für den Neuling in der Welt des Whiskys, denn er ist deutlich weicher und gefälliger als andere. Je nach Abfüllung ist er ein schönes Beispiel für die Reifung im Sherryfass.

Die Destillerie legte schon immer großen Wert auf qualitativ anspruchsvolle Produktionsmethoden und verwendet, ungewöhnlich für eine große Brennerei, kleine, breite Brennblasen. In den beiden Brennhäusern stehen 14 Brennblasen, die fast zehn Millionen Liter (2,65 Millionen Gallonen) jungen Branntwein pro Jahr liefern. Wie Glenfarclas und The GlenDronach setzt The Macallan auf Sherryfässer und hat Unsummen für den Ausbau in Holz investiert. Über viele Jahre war ausschließlich im Sherryfass gereifter Macallan erhältlich. Seit der Präsentation der Serie Fine Oak 2004 können die Fans eine neue Seite von The Macallan erleben. Für sie verwendet man amerikanische Eichenfässer und Sherryfässer, wodurch diese Abfüllungen deutlich leichter im Stil sind.

Das Sortiment von The Macallan ist beeindruckend. Die Serie Sherry Oak umfasst traditionelle, ausschließlich im Sherryfass gereifte Whiskys von 12, 15, 25 und 30 Jahren, die Serie Fine Oak 10, 12, 15, 17, 18, 21, 25 und 30 Jahre alte Abfüllungen, die in Sherry- und Bourbonfässern ausgebaut wurden. Die Serie 1824 ist die jüngste von The Macallan, sie wurde 2013 vorgestellt, zu ihr zählen die Versionen Gold, Amber, Sienna und Ruby. Dies war ein mutiger Schritt von The Macallan, denn es sind die ersten Abfüllungen ohne Altersangabe. Darüber hinaus gibt es eine Vielzahl von limitierten, Jubiläums- und Jahrgangsabfüllungen. Einige sehr alte Abfüllungen von The Macallan zählen mit Preisen bis zu mehreren tausend Pfund zu den teuersten Whiskys. Eine Sechs-Liter-Flasche Macallan „M" wurde Anfang 2014 für rund 500 000 Euro versteigert.

12 Jahre

Weich, sahnig; geschmeidiges Mundgefühl, in der Nase Noten von weicher Frucht und Kakao, am Gaumen dann ein langes trocken-würziges Finish.

⭑ Alk.: 40 Vol.-% ⭑ Typ: Single Malt

18 Jahre

Tief, dunkel und komplex, mit intensiver Frucht und würzig in der Nase. Am Gaumen weich, mit Aromen von Frucht und dunkler Schokolade, im Finish würzige Eiche.

⭑ Alk.: 40 Vol.-% ⭑ Typ: Single Malt

The Macallan Ruby

Ausgesprochen delikates Bukett von Trockenfrüchten und Himbeerkäsekuchen, am Gaumen sommerlicher Früchtekuchen und Ingwer, würzige Eiche im Finish.

⭑ Alk.: 43 Vol.-% ⭑ Typ: Single Malt

Die Rolle des Torfs

Torf ist eine wesentliche Komponente bestimmter Whiskys, speziell der aus den Highlands und von den Inseln. Dieser traditionell frei verfügbare Brennstoff verleiht Whiskys wie Lagavulin, Ardbeg und Laphroaig das typische Raucharoma.

Früher benutzte man Torffeuer zum Trocknen der Gerste, heute setzt man den „Torfqualm" dosiert als Aromageber ein. Die Einwirkzeit variiert zwischen 16 und 24 Stunden, dann nimmt das Getreide keinen weiteren Geschmack an und wird getrocknet.

Die verschiedenen Torfarten erzeugen unterschiedliche Aromen: Nahe am Meer enthält der Torf mehr Tang und Sand als im Binnenmoor, wo Moos und Heidekraut dominieren. Traditionell hatten viele Destillerien eigene Mälzereien mit typischen Schornsteinen und Pagodendächern, die den Torfrauch besonders günstig verteilten. Heute mälzen nur noch wenige Brennereien ihre Gerste mit Torf. Zu ihnen gehören Highland Park, Springbank, Bowmore, Laphroaig und Kilchoman. Andere werden von Mälzereien wie Port Ellen auf Islay beliefert.

Phenole liefern den Rauchgeschmack im Whisky. Der Phenolgehalt wird in ppm (parts per million) gemessen und ist ein Maß für die sogenannte Peatiness. Intensiv getorfte Single Malts liegen bei über 30 ppm: Der Ardbeg liegt bei 50 ppm, der Octomore von Bruichladdich sogar bei 80 ppm. Mittelstark getorfte Malts enthalten um 20 ppm Phenol, leicht getorfte unter 15 ppm.

WHISKY-ZITATE

„Bier schmeckt eigentlich erst dann nach etwas, wenn man damit einen, besser zwei Schluck anständigen Whisky runterspült."

– Sir Compton MacKenzie

Mannochmore

Mannochmore gehört zu der Handvoll Destillerien, die Anfang der 1970er-Jahre erbaut wurden, bevor ein durch die Überproduktion bedingter Crash den Markt für schottischen Whisky schwächte. Die Krise dauerte von Mitte der 1970er-Jahre bis zu Beginn der 1990er-Jahre. Viele Destillerien mussten für immer schließen. Mannochmore überlebte, wurde aber von 1985 bis 1989 und von 1995 bis 1997 stillgelegt. Obwohl ihre Gründung in eine turbulente Zeit fiel, war die Destillerie doch einigermaßen erfolgreich und produzierte Whisky für bekannte Blends wie Dimple. Die einzige reguläre Abfüllung ist ein 12-Jähriger in der Serie Flora & Fauna.

12 Jahre, Flora & Fauna

Sanfter und schmackhafter Whisky, weich im Charakter, mit floralen Noten und einem süßen, buttrigen Eindruck.

★ Alk.: 43 Vol.-% ★ Typ: Single Malt

Mortlach

Die Zukunft der Destillerie Mortlach ist vielversprechend, denn Diageo hat sich entschieden, der Brennerei eine bedeutende Rolle im Bereich des Malt Whiskys zu geben. Diese Entscheidung war bestimmt nicht leicht, denn Mortlach ist einer der wichtigsten Zulieferer von Malt für Johnnie Walker Black Label. Doch nach der geplanten Investition von 18 Millionen Pfund in die Erweiterung der Destillerie soll sich der Ausstoß von Mortloch fast verdoppeln. Das neue Brennhaus wird mit exakten Kopien der alten Brennblasen bestückt, um das bisherige spezielle Brennverfahren auch dort fortzuführen. Neben dem 16 Jahre alten Whisky der Serie Flora & Fauna gibt es unterschiedlich alte Abfüllungen, auch in Cask Strength.

16 Jahre, Flora & Fauna

Der als „The Beast of Dufftown" bekannte und begehrte Klassiker ist intensiv von Sherry geprägt. Tiefe, dunkle Fruchtaromen mischen sich mit Rauch in diesem komplexen, charmanten Whisky.

★ Alk.: 40 Vol.-% ★ Typ: Single Malt

Whisky-Zitate

„Der Regierung Geld und Macht zu überlassen ist so, als überließe man Halbwüchsigen Whisky und Autoschlüssel.“
– P. J. O'Rourke

Strathisla

Strathisla, eine der ältesten schottischen Destillerien, lockt mit ihrer malerischen Lage jährlich tausende Besucher aus der ganzen Welt an. Lange war sie als „Home of Chivas“ bekannt, denn sie gehört seit 1950 zu diesem Konzern. Durch den weltweiten Erfolg der Chivas Blends ist der größte Teil des Whiskys von Strathisla fest verplant. Das Kernsortiment der Brennerei ist entsprechend klein und enthält nur zwei Abfüllungen: einen 16-jährigen Whisky in Cask Strength, den es nur in der Destillerie gibt, und einen 12-Jährigen (2013 neu aufgelegt). Unabhängige Abfüllungen sind selten, es gab sie von Gordon & MacPhail und einmalig von Douglas Lang.

12 Jahre

Weich und zugänglich, mit Noten von Kompott, Schokolade, Toffee, Lebkuchen und Honig.

⭑ Alk.: 40 Vol.-% ⭑ Typ: Single Malt

Tamnavulin

Tamnavulin ist eine moderne Destillerie, die Mitte der 1960er-Jahre gebaut wurde, um die Nachfrage nach Malt Whisky für Blends zu bedienen. Ursprünglich gehörte sie Invergordon Distillers Ltd., die 1993 von Whyte and Mackay übernommen wurden. 1995 wurde die Brennerei stillgelegt und erst 2007 wieder aktiviert. Fast jeder Tropfen von Tamnavulin fließt in die Blends von Whyte and Mackay, nur ein Bruchteil wurde je als Single Malt abgefüllt. Die Suche nach einem dieser Exemplare ist langwierig, lohnt sich aber. Die einzige offizielle Abfüllung war ein heute nicht mehr angebotener 12-Jähriger. Ein 22-Jähriger ist unter dem Handelsnamen Cadenhead Small Batch erhältlich; Douglas Laing hat einen 25-Jährigen abgefüllt.

12 Jahre

Leichter, feiner Whisky dessen florale Noten sich mit malziger Süße, reifen Fruchtaromen und einer Spur Rauch vermählen.

⭑ Alk.: 40 Vol.-% ⭑ Typ: Single Malt

Tomintoul

Tomintoul ist eine der wenigen schottischen Destillerien, die nicht im Besitz eines der großen Konzerne ist. Angus Dundee Distillers erwarben sie im Jahr 2000 von Whyte and Mackay und gaben ihr eine innovativere Ausrichtung. Zwar bleiben Produktion und Export der Blends der Unternehmensschwerpunkt, aber man hat Tomintoul stärker ins Rampenlicht gerückt. Seit 2000 wurden rund 20 verschiedene Abfüllungen präsentiert. Zum Kernsortiment gehören heute 10, 14, 16, 21 und 33 Jahre alte Whiskys, dazu die beiden getorften Versionen Peaty Tang und Old Balluntruan. Zusätzlich bietet man limitierte Versionen an, darunter zwei 12-Jährige aus Portwein- bzw. Sherryfässern. Im Mai 2013 präsentierte man die erste Single-Cask-Abfüllung, einen 31 Jahre alten Malt. Es gibt auch unabhängige Abfüllungen.

16 Jahre

Unkomplizierter und schön abgerundeter Whisky mit Noten von Zitronenbaiser, Karamell, Honig, Vanille und Haferkeksen.

⋆ Alk.: 40 Vol.-% ⋆ Typ: Single Malt

Tormore

Die Destillerie Tormore hebt sich deutlich vom Gros der Brennereien in Speyside ab. Die ungewöhnliche Architektur der 1958 bis 1960 errichteten Gebäude verleiht der hoffnungsvollen Zukunftserwartungen der Nachkriegszeit Ausdruck. Allerdings hat diese eigenwillige Destillerie kaum eigene Abfüllungen herausgebracht, um Whisky-Liebhaber anzulocken. Wie viele der Nachbarn produzierte man vorrangig Malt Whisky für verschiedene Blends. Das Kernsortiment bietet 12-Jährigen von 2004, der eine 10 Jahre alte Abfüllung aus den 1990er-Jahren ablöste, sowie ein 16-Jähriger, der 2014 abgefüllt wurde. In den vergangenen Jahren gab es einige unabhängige Abfüllungen etwa von Signatory, Douglas Laing und Berry Bros. Die Destillerie reift ihre Brände fast ausschließlich in amerikanischer Eiche, gelegentlich wird auch ein Sherryfass befüllt.

12 Jahre

Milder Whisky mit sahniger Textur, Karamell, Minze, Zitronenkuchen, gerösteten Mandeln und subtiler Würze.

⋆ Alk.: 40 Vol.-% ⋆ Typ: Single Malt

LOWLANDS

Lowland Whisky nutzte man früher in Schottland vorrangig zum Blending, so auch am Ende des 19. Jahrhunderts. In der Region gibt es kaum Torf, weshalb der Whisky vom Stil her viel leichter ist als Brände anderer Regionen.

Wegen ihres leichten, gut trinkbaren Charakters werden diese Whiskys manchmal als „Lowland Ladies" bezeichnet. Neben der Leichtigkeit zeigt sich das Feminine im grasig-frischen, zitronigen Geschmack, der oft süß einsetzt, aber bald trocken ausklingt.

Während sich in den meisten Whiskyregionen die Geschmacksstile oft verwischen, erweisen sich die Lowland Whiskys als einzigartig. Neben dem Fehlen von Torf- und Salzgeschmack kann man dies der Dreifachdestillation zuschreiben, die einigen Lowland Whiskys eine besondere Weichheit verleiht, speziell dem Auchentoshan.

Früher gab es viele Brennereien in den Lowlands und Borders, doch ihre Zahl ging zurück, als Whiskys aus den Highlands und Speyside populärer wurden. Heute produzieren fünf Malt-Whisky-Brennereien in den Lowlands. Auchentoshan, Glenkinchie und Bladnoch sind die bekanntesten, mit jeweils mindestens einem typischen Lowland Whisky im Sortiment.

In der Region gibt es kaum Torf, weshalb der Whisky vom Stil her viel leichter ist als Brände anderer Regionen.

Drei neue Destillerien haben in den vergangenen Jahren den Betrieb aufgenommen, allerdings gibt es noch keine Produkte auf dem Markt. Ailsa Bay (auf dem Gelände von William Grant & Sons' Girvan Distillery) und Daftmill, eine Mikrobrennerei auf einer Farm in Fife, haben bereits Brände destilliert. Die 1919 geschlossene und nun wiederbelebte Annandale Distillery begann im April 2014 mit der Destillation und soll einmal rund 20 Mitarbeiter haben.

Man findet auch noch Lowland Whisky aus vier geschlossenen Betrieben. Rosebank, von United Distillers 1993 stillgelegt, gilt generell als bester Lowland Malt. Seltener trifft man auf St Magdalene aus Linlithgow (25 Jahre), Littlemill aus Bowling (22 Jahre), Dumbarton, Ladyburn und Girvan.

Auchentoshan

Die Destillerie Auchentoshan, vor den Toren Glasgows am Ufer des Clyde gelegen, erhielt 1823 das Brennrecht. Als einzige Destillerie in Schottland produziert Auchentoshan seine Brände ausschließlich in Dreifachdestillation. Dieses Verfahren ist bei irischem Whiskey üblich, in Schottland eher ungewöhnlich. Der intensivere Kupferkontakt bei der Dreifachdestillation beseitigt Unreinheiten und erzeugt einen leichteren Branntwein, der schließlich einen gefälligeren Whisky liefert.

Nach der teilweisen Zerstörung durch einen deutschen Luftangriff im Zweiten Weltkrieg erfolgte der Wiederaufbau, 1984 dann eine grundlegende Modernisierung durch Morrison Bowmore (Eigentümer von Glen Garioch und Bowmore, gehört heute zum Teil zu Suntory). Über viele Jahre war lediglich eine 10-jährige Abfüllung verfügbar, 2002 kam die beliebte Version Three Wood mit dazu. Sie reifte in drei Eichenfasstypen, in denen zuvor Bourbon, Oloroso bzw. Pedro Ximénez Sherry gelagert hatte.

2008 wurde das Sortiment gründlich überarbeitet und mit neuer Aufmachung präsentiert. Ein 12-Jähriger trat an die Stelle des 10-Jährigen. Des Weiteren umfasst es den Classic, den Three Wood, 18 und 21 Jahre alte Whiskys sowie den Jahrgangswhisky 1974. Unter den Namen Springwood, Heartwood, Cooper's Reserve, Silveroak und Solera werden Duty-free-Abfüllungen angeboten. 2013 kam im Verbund mit einer entsprechenden Abfüllung der Destillerie Glen Garioch der Auchentoshan Virgin Oak auf den Markt.

Three Wood

Tiefer, dunkler, von Sherry geprägter Whisky mit starken Aromen eingelegter Früchte, Toffee und Trauben-Nuss-Schokolade.

⋆ Alk.: 43 Vol.-% ⋆ Typ: Single Malt

12 Jahre

Leicht und vornehm, mit seidig-weichem Mundgefühl und Anklängen von Zitrus, Müsli und Karamell.

⋆ Alk.: 64 Vol.-% ⋆ Typ: Single Malt

Verschwundene Destillerien

Wie alle Branchen unterliegt auch der Whisky-Absatz wirtschaftlichen Schwankungen. Rationalisierungsmaßnahmen führten zur Schließung von über 100 Destillerien. Zur Blütezeit im 19. Jahrhundert gab es in Schottland mehr als 200 Betriebe.

Allerdings hat Whisky ein langes Nachleben. Nach der Schließung einer Destillerie ruhen meist noch beträchtliche Mengen Destillat in den Lagerhäusern. Als nur begrenzt verfügbares Gut weckt er dann das Interesse der Whisky-Liebhaber und wird oftmals zum begehrten Sammelobjekt. Eine Flasche kann dann hunderte Euro kosten. Zu diesen Beispielen gehört Brora, die ehemalige Clynelish Distillery, die 1983 geschlossen wurde, obwohl ihr Malt hohe Anerkennung genoss. Der Whisky ist über Diageo und unabhängige Abfüller erhältlich, wird aber inzwischen knapp. Ein ähnliches Schicksal erwartet die Whiskys anderer geschlossener Destillerien wie Port Ellen, Moffat, Dallas Dhu und Rosebank.

Doch es gibt auch Lichtblicke: Einige Destillerien wie Glen Keith, Glencadam und Tullibardine haben die Produktion wieder aufgenommen, als die Nachfrage nach Malt wuchs.

Andere versuchen, Whiskys der Vergangenheit neu aufzulegen. Die Lost Distillery Company nutzt alte Unterlagen über Produktionsverfahren, Maschinen und Zutaten, um Whisky dem Original möglichst ähnlich zu erzeugen. Es gibt momentan drei Sorten: Stratheden, Auchnagie und Gerston.

Bladnoch

Die Destillerie Bladnoch hatte seit ihrer Gründung 1817 verschiedene Besitzer und litt unter einer sporadischen Produktion und langen Phasen der Stilllegung. Die letzte Schließung erfolgte 1993, als Diageo (damals als United Distillers bekannt) die Brennereien Bladnoch, Rosebank und Pittyvaich deaktivierte, um die desaströse Überproduktion zu regulieren. Im Jahr darauf kaufte der nordirische Bauunternehmer Raymond Armstrong die Destillerie, allerdings unter der Auflage seitens United Distillers, die Brennerei dürfe die Produktion nicht wieder aufnehmen. Nach intensiven Bemühungen von Armstrong und lokalen Lobbyisten milderte Diageo im Jahr 2000 die Auflagen und erlaubte eine auf 100 000 Liter (26 500 Gallonen) begrenzte Jahresproduktion. Das erscheint eine beachtliche Menge, doch im letzten Jahr unter United Distillers hatte Bladnoch zehnmal so viel Branntwein erzeugt.

Jedenfalls war die Destillerie wieder in Betrieb, und im neuen Jahrtausend floss in Bladnoch wieder Alkohol. Rosebank und Pittyvaich wurden dagegen komplett stillgelegt. In den ersten Jahren füllte die Belegschaft von Bladnoch alte, unter United Distillers produzierte Lagerbestände ab. Die ersten Neuabfüllungen nach der Wiedereröffnung kamen dann 2008 mit sechsjährigen Malts: eine leicht getorfte Version und je eine Variante aus dem Bourbon- bzw. Sherryfass. Ein Jahr später kam ein Achtjähriger auf den Markt, gefolgt von verschiedenen Abfüllungen, getorft und ungetorft, aus Bourbon- und Sherryfässern mit 10, 11 und 12 Jahren. Das Sortiment von Bladnoch besteht vorrangig aus limitierten und Single-Cask-Abfüllungen. Die erste Version des Stammsortiments wurde 2011 präsentiert und hieß Distiller's Choice.

Distiller's Choice

Süß-blumige Noten und Honigmelone in der Nase, Honig, Vanille und Getreide am Gaumen, im Finish dann eingemachte Aprikosen.

⋆ Alk.: 46 Vol.-% ⋆ Typ: Single Malt

Sherry Matured, Sheep Label, 12 Jahre

In der Nase Trauben, Trockenfrüchte und Gewürze, am Gaumen üppige rote Frucht, intensives Finish aus Früchtekuchen, Vanille und Gewürzen.

⋆ Alk.: 55 Vol.-% ⋆ Typ: Single Malt

Glenkinchie

Die nahe Edinburgh gelegene Destillerie Glenkinchie vertritt die Lowlands in der Serie Classic Malts und ist wohl der bekannteste der Lowland Malts. Glenkinchie vertritt exemplarisch den Lowland-Whisky-Stil: leicht, süß und zart. Glenkinchie und allgemein Lowland Whiskys eignen sich vom Stil her bestens für Einsteiger in die Whiskywelt, als Aperitif oder als Drink in wärmeren Zonen.

Durch seine Nähe zu Edinburgh ist Glenkinchie ein beliebter Anziehungspunkt für Touristen und mit Besucherzentrum und Brennereimuseum in der alten Mälzerei bestens auf die vielen Tausend Besucher eingestellt. Diese Destillerie besitzt einige der größten Brennblasen der Branche: Die Wash Stills fassen jeweils gut 30 000 Liter Wash. Die Brennblasen sind so groß, dass man 2008, als eine ausgetauscht wurde, das Dach der Brennerei abdecken musste.

Die Reifung erfolgt bei Glenkinchie vorrangig in Bourbonfässern. Gelegentlich wird auch ein Sherryfass für die Distillers Edition befüllt, die teilweise in Fässern von Amontillado Sherry ausgebaut wird. Wie alle Whiskys der Classic Malt Selection hat Glenkinchie nur zwei reguläre Abfüllungen im Sortiment: eine 12 Jahre alte und die Distillers Edition.

12 Jahre

Leicht, frisch und unkompliziert, mit Anklängen von Honig, Zitrus, Heidekraut, Vanille und süßem Obst.

⭑ Alk.: 43 Vol.-% ⭑ Typ: Single Malt

Distillers Edition

Voller und gewichtiger als der 12-Jährige, mit Anklängen von Orangenschale, Gewürzen, Obstkompott, süß-würziger Eiche und Honig.

⭑ Alk.: 43 Vol.-% ⭑ Typ: Single Malt

HIGHLANDS

Der Wash Act von 1784 legte unterschiedliche Steuersätze für Highland und Lowland Whisky fest und definierte die Herkunftsbezeichnungen. Alles, was nördlich der „Highland line" zwischen Greenrock und Dundee gebrannt wurde, galt als Highland Whisky.

Diese grobe Definition ist verwirrend. Die Highlands sind nicht nur geografisch die größte, sondern was die stilistische Zuordnung angeht, auch die schwierigste Region. Highland Whiskys können stark variieren: von leicht und zart bis hin zu körperreich und getorft. Wie schon in den anderen Whiskyregionen Schottlands ist die Zuschreibung eines Geschmacksprofils aufgrund der geografischen Herkunft zunehmend überholt. In den Northern Highlands findet man die Destillerien nördlich von Inverness alle an der Küste, nur Glen Ord liegt einige Kilometer landeinwärts. Whisky von Clynelish, Old Pulteney und Balblair schmeckt deshalb leicht salzig. Ebenfalls aus dem Norden kommen der leichte, duftende Glenmorangie, der von Sherry geprägte Dalmore und Glen Ord, der oft als idealtypisch für den Highland-Stil genannt wird.

Aus den Southern Highlands kommen leichtere, fruchtigere und trockenere Whiskys, etwa von Aberfeldy und Edradour, der kleinsten Destillerie Schottlands. Glenturret, Tulliebardine, Aberfeldy und Blair

Die Highlands sind nicht nur geografisch die größte, sondern was die stilistische Zuordnung angeht, auch die schwierigste Region.

Athol in Perthshire liegen in den fruchtbaren Tälern des Tay und seiner Nebenflüsse. Weiter nördlich findet man die Destillerie Dalwhinnie, im Südteil der Highlands die Destillerien Deanston, Glengoyne und Loch Lomond.

In den Eastern Highlands dominieren körperreiche, trocken-fruchtige Malts. Bis auf Glen Garioch fehlt ihnen das Rauchige. Im Norden der Region grenzen Macduff und Knockdhu an die Region Speyside und produzieren ganz ähnliche Whiskys. Weiter südlich erzeugen Fettercairn und Glencadam weichen, fruchtigen Malt. Royal Lochnagar und Glendronach liegen zwischen den Flüssen Moray und Tay.

In den Western Highlands sind nur noch wenige Destillerien aktiv wie Oban an der Küste und die Ben Nevis Distillery in Fort William.

Ardmore

Die 1898 von Adam Teacher gegründete Destillerie Ardmore spielte immer eine wichtige Rolle als Lieferant für den Teacher's Blend, einen der meistverkauften im Vereinigten Königreich. Von den meisten Destillerien des Festlands hebt sich Ardmore durch seinen getorften Whisky ab, einem eher den Hebriden zugeordneten Stil. Nach langer Zeit wurde 2007 mit dem Traditional Cask wieder eine reguläre Destillerieabfüllung präsentiert. Sie erschien gleichzeitig mit einer passenden Version der Schwesterbrennerei Laphroaig auf Islay. Der Whisky reifte zunächst in gängigen Hogshead-, anschließend in Quarter-Fässern. Die kleineren Fässer bewirken einen intensiveren Kontakt mit dem Holz und beschleunigen die Reifung. Neben dem Traditional Cask gehören noch ein 25 und ein 30 (nur für den US-Markt) Jahre alter Whisky zum Sortiment.

Traditional Cask

Ein guter Einstieg in stark getorfte Whiskys. Gebratener Räucherspeck mit gezuckertem Popcorn und süßlichem Pfeifentabak.

⋆ Alk.: 46 Vol.-% ⋆ Typ: Single Malt

Ben Nevis

Die Destillerie Ben Nevis liegt am Fuß des höchsten Bergs der Britischen Inseln und wird von zahlreichen Touristen besucht, doch ihr Whisky ist im Vereinigten Königreich eher weniger bekannt. Die Destillerie erlebte in ihrer langen Geschichte zahlreiche Veränderungen, besonders bedeutsam war 1989 der Aufkauf durch Nikka, ein japanisches Getränke-Großunternehmen. Dies ergab sich durch historische Verbindungen, denn Masataka Taketsuru, der Gründer des Konzerns, reiste einst durch Schottland, um die Kunst der Whisky-Herstellung zu erlernen. Am gängigsten ist der 10-Jährige, daneben gab es auch limitierte Versionen und unabhängige Abfüllungen.

10 Jahre

Lebhafter Whisky, im Mund voll, mit Noten von Orangenschokolade, kandiertem Apfel und würziger Eiche.

⋆ Alk.: 46 Vol.-% ⋆ Typ: Single Malt

WHISKY-ZITATE

„Ein Toast drum auf John Barleycorn, so nehmet das Glas zur Hand: Mag seine edle Wesensart nie sterben im Schottenland."

– Robert Burns

Balblair

Die Destillerie Balblair wurde 1790 gegründet und ist damit eine der ältesten Brennereien Schottlands. Seit ihrer Gründung erlebte sie eine Verlegung des Standorts und verschiedene Eigentümerwechsel. 1919 wurde die Brennerei stillgelegt und erst 1949 wieder aktiviert. Im Zweiten Weltkrieg hatten alliierte Truppen die Gebäude beschlagnahmt. Zur Enttäuschung der Soldaten waren aber die hochprozentigen Lager bereits geräumt.

In der meisten Zeit ihrer Geschichte produzierte die Destillerie – wie viele andere auch – Whisky, der an Händler und Blender verkauft wurde. Man kann bis zurück in die 1960er-Jahre Abfüllungen von Balblair Single Malt finden, doch kamen diese wohl nie in größeren Mengen auf den Markt. Das änderte sich 1996, als Inver House Distillers (unter anderem Eigentümer von Pulteney, Knockdhu und Hankey Bannister) den Betrieb erwarb und dessen Malt in Fachgeschäften auftauchte. Zum neuen Sortiment von Inver House in den 1990er-Jahren gehörten die Abfüllung Elements und ein 10 bzw. 16 Jahre alter Malt. Diese wurden bei der grundlegenden Umgestaltung des Sortiments 2007 abgelöst, das nun in einer neuen, auffälligen Flasche Jahrgangs-Whiskys präsentiert. Das neue Sortiment erntete viel Lob und zeigte, was die Destillerie wirklich kann. Die Produktion für Blends ist bis heute das Kerngeschäft, denn nur rund 20 Prozent der jährlichen Produktion von insgesamt 1,8 Millionen Litern werden als Single Malt abgefüllt und verkauft. Neben den kürzlich vorgestellten Jahrgängen 2003, 1990 und 1983 kann man noch viele andere finden, darunter auch sehr alte Abfüllungen aus den 1960er- und 1970er-Jahren.

Balblair 2002

Florale Noten und Steinobst in der Nase, am Gaumen Zitronentoffee und Butterkaramell, mit leichtem Zitrusfinish.

* Alk.: 46 Vol.-%
* Typ: Single Malt

Balblair 1989

In der Nase süß und würzig, am Gaumen Zitrus, Vanille und Karamell und ein frisch-fruchtiges Finish mit würziger Eiche.

* Alk.: 46 Vol.-%
* Typ: Single Malt

Blair Athol

Die Destillerie Blair Athol wurde 1798 gegründet und ist damit eine der ältesten, bis heute aktiven Brennereien der Welt. Eigentlich jeder Whisky-Trinker im Vereinigten Königreich kennt Bell's, der lange die Nummer 1 der dort verkauften Blends war, bis ihn Famous Grouse 2006 von diesem Platz in der Verkaufsstatistik verdrängte.

Blair Athol spielt eine Hauptrolle im Bell's, und der Löwenanteil des erzeugten Whiskys fließt in diesen Blend. Lediglich fünf Prozent wird in Sherryfässern ausgebaut und als Single Malt abgefüllt, der für das Blending bestimmte Teil lagert in Bourbonfässern. Die einzige reguläre Destillerieabfüllung ist ein 12-jähriger Whisky aus der Serie Flora & Fauna, doch gelegentlich füllt man dort auch Spezialversionen ab.

12 Jahre

Wirkt zunächst mild, entwickelt dann aber einen wuchtigen, fruchtbetonten und würzigen Stil.

⋆ Alk.: 43 Vol.-% ⋆ Typ: Single Malt

WHISKY-ZITATE

„Wenn mich jemand fragt, ob ich Wasser zu meinem Scotch möchte, antworte ich, dass ich durstig und nicht schmutzig bin."

– Joe E. Lewis

The Speaker's choice

Im britischen Unterhaus gibt es die Tradition, dass sich der Speaker (Parlamentspräsident und höchste Autorität) einen Whisky auswählt, der als „Speaker's Whisky" in Westminster verkauft und vom Speaker als Geschenk überreicht wird.

John Bercow, der aktuelle Speaker, kam 2009 ins Amt und entschied sich für einen von Gordon & MacPhail abgefüllten Malt. Der Whisky-Spezialist aus Elgin füllt auch einen House of Commons blended Scotch ab und beliefert das schottische Parlament, die Nationalversammlung von Wales und das Europäische Parlament.

Die Marke wird auf der Flasche nicht genannt, man vermutet, es handelt sich um The Macallan. Bercow, selbst kein ausgewiesener Whisky-Kenner, ließ Abgeordnete in einer Blindprobe mitentscheiden. Der Whisky verkauft sich gut: 2011 waren es 1599 Flaschen, 2012 sogar 1662 Flaschen.

Auch sein Vorgänger, Michael Martin, verließ sich bei der Wahl des Speaker's Whisky auf den Rat seiner Parlamentarierkollegen. Der Abstinenzler folgte deren Empfehlung und wählte einen zehnjährigen The Macallan. Nach seinem Rücktritt 2009 war der Parlamentsshop angeblich in kurzer Zeit ausverkauft. Heute kostet die Flasche fast 200 Pfund.

Betty Boothrody, die erste Frau als Speaker, wählte Glendullan (12 Jahre) zu ihrem Whisky – Madam Speaker's Order. Ihr Vorgänger, Bernard Weatherill, entschied sich für einen Tropfen der Caledonian Malt Whisky Distillers.

Clynelish

Die neuere Destillerie Clynelish wurde 1967 direkt gegenüber der alten Brennerei gleichen Namens erbaut. Ihre Konstruktion fiel in die Boomphase für Whisky nach dem Zweiten Weltkrieg. Die alte, nun in Brora umbenannte Destillerie war 1819 gegründet worden. Die sinkende Nachfrage nach Whisky in den 1980er-Jahren forcerte eine Entscheidung: Sollte man die neue, effizientere Clynelish- oder die in die Jahre gekommene Brora-Brennerei schließen? 1983 wurde Brora stillgelegt. Den Whisky findet man noch immer und er ist sehr begehrt.

Der Whisky war früher als „Islay der Highlands" bekannt, und die Destillerie produzierte in den 1970er-Jahren teils stark getorfte Brände. Die neue Brennerei entstand in der Tradition der alten Destillerie. Die Brennblasen von Clynelish waren exakte Kopien derjenigen von Brora, und das Destillat von Clynelish soll dem von Brora gleichen. Das war klug, denn der Whisky von Brora war bei Blendern sehr beliebt, und in den Anfangsjahren von Clynelish wuchs die Nachfrage nach Blended Whisky.

Clynelish hatte nie ein großes Sortiment. In den 1990er-Jahren gab es die 14 Jahre alte Abfüllung Flora & Fauna, die 2014 von einer ebenfalls 14-jährigen Version abgelöst wurde. Zu dem kompakten Sortiment der Destillerie gehört neben dem 14-Jährigen und einer Distillers Edition seit Kurzem ein 12 Jahre alter, für die Serie „Friends of Classic Malts" abgefüllter Whisky. Daneben kann man aber zahlreiche unabhängige Abfüllungen finden.

14 Jahre

Frisch und recht intensiv, mit großem Aromenspektrum. Noten von Honigwaben, Zitrus, Sorbet und würziger Eiche, dazu eine leichte Erdigkeit.

★ Alk.: 46 Vol.-% ★ Typ: Single Malt

Distillers Edition

Durch Reifung in Oloroso-Fässern intensiver, fruchtiger Charakter. Süß-fruchtige Sherryaromen verbinden sich mit dem Geschmack nach Meer zu einer gelungenen Balance aus süß und salzig.

★ Alk.: 46 Vol.-% ★ Typ: Single Malt

The Dalmore

Die Marke Dalmore hat sich zu einer der renommiertesten im Markt hochklassiger Malt Whiskys entwickelt und war wiederholt Rekordhalter für den teuersten Whisky. Die 1839 von Alexander Matheson gegründete Destillerie blickt auf die Cromarty Firth, eine Flussmündung nördlich von Inverness. Vergleichbar idyllisch gelegen sind nur ganz wenige Brennereien in Schottland. In den Jahren nach der Gründung führten die Brüder Alexander, Charles und Andrew Mackenzie die Destillerie und erwarben sie nach Mathesons Tod. 1917 requirierte die Royal Navy die Betriebsgebäude und nutzte die Lagerhäuser für die Fertigung von Minen. Nach dem Abzug der Marine befand sich die Destillerie in einem desolaten Zustand: Nach einer Explosion hatte ein Brand sie stark beschädigt. Es folgte ein langer Rechtsstreit zwischen Andrew Mackenzie und der Navy, als dieser eine Entschädigung forderte. Anfang der 1920er-Jahre nahm man die Produktion wieder auf, und die Destillerie produzierte über Jahre relativ störungsfrei. 1960 schloss sich Mackenzie mit Whyte & Mackay zusammen – sie sind bis heute die gemeinsamen Eigentümer.

Dalmore produziert einen Whisky, der meist stark vom Sherryfass geprägt ist, obwohl man auch Wein-, Portwein- und Bourbonfässer verwendet. Das Sortiment von Dalmore ist sehr breit und umfasst einige der teuersten jemals verkauften Whiskys wie den Oculus, der Brände aus dem Jahr 1868 enthielt und 27 600 Pfund kostete. Zum Sortiment gehören Malts mit 12, 15 und 18 Jahren, dazu die Abfüllungen Cigar Malt und King Alexander III. Im Jahr 2011 präsentierte man die Rivers Collection, von deren Einnahmen ein Teil dem Schutz schottischer Flüsse dient.

The Dalmore, 15 Jahre

Üppig, fruchtig und weich, mit Anklängen von Trockenfrüchten, Marzipan, Orangenmarmelade und intensiver Eiche.

⭑ Alk.: 40 Vol.-% ⭑ Typ: Single Malt

The Dalmore, 18 Jahre

Weich, seidig, im Mund gewichtig. In der Nase voll und fruchtig, Duft nach Pralinen. Am Gaumen und im Finish entwickeln sich Noten von kandiertem Apfel, Butterkaramell und Gewürzen.

⭑ Alk.: 43 Vol.-% ⭑ Typ: Single Malt

Dalwhinnie

Die Destillerie Dalwhinnie in der Nähe der Grampian Mountains nahe dem Cairngorms-Nationalpark ist eine der höchstgelegenen schottischen Brennereien. Sie gehört aktuell zu Diageo und konnte, seit sie in den 1980er-Jahren in dessen Serie Classic Malts aufgenommen wurde, an Beliebtheit gewinnen. Inzwischen ist dies einer der Single Malts im Portfolio von Diageo, die sich neben bekannten Marken wie Talisker und Cardhu am besten verkaufen.

Die 1897 gegründete Destillerie hatte einen holprigen Start, wechselte einige Male den Eigentümer und fand keine klare Linie. In den 1920er-Jahren stabilisierte sich unter der Distillers Company Ltd. (DCL) der Betrieb und ging an James Buchanan & Co über. Nach einem Brand 1934 musste Dalwhinnie schließen und wurde erst vier Jahre später wiedereröffnet. In den 1980er-Jahren gab es umfassende Modernisierungen, die Maßstäbe setzen sollten. Bei Dalwhinnie hatte man immer Schneckenkühler (Worm Tubs) zum Kondensieren des Alkohols aus den Brennblasen eingesetzt. Bei dem Umbau wurden diese entfernt und durch moderne, effizientere Kondensatoren ersetzt, wie sie die meisten Brennereien heute verwenden.

Nach Wiederaufnahme der Produktion zeigte sich, dass die neuen Kondensatoren den Geschmack veränderten. Unter hohen Kosten wurden die alten Kühler wieder eingebaut – eine schmerzhafte, aber wertvolle Lektion. Schneckenkühler sind nur noch in wenigen Brennereien im Einsatz, vier davon gehören zusammen mit Dalwhinnie zur Serie Classic Malts. Zum Sortiment von Dalwhinnie gehören ein 15-Jähriger und die Distillers Edition. Auch einige ältere Abfüllungen sind verfügbar wie die 2012 herausgebrachte, 25 Jahre alte Special Release.

15 Jahre

Weich und gefällig, mit Noten von Honig, Vanille, süß-aromatischem Obst und einer Spur Torf.

★ Alk.: 43 Vol.-% ★ Typ: Single Malt

The Distillers Edition

Süße, intensive Frucht in der Nase, am Gaumen marmeladig und dick; Finish von braunem Zucker und gerösteten Nüssen.

★ Alk.: 43 Vol.-% ★ Typ: Single Malt

Glencadam

Glencadam hat seinen Sitz in der Stadt Brechin, die zwischen Dundee und Aberdeen liegt. Die Destillerie begann 1825 mit der Produktion, nur zwei Jahre nach dem Excise Act von 1823, der zur Legalisierung des Whisky-Brennens in Schottland führte. Die Destillerie blickt auf viele verschiedene Besitzer zurück, bevor sie 2003 von Angus Dundee Distillers (Eigentümer der Tomintoul Distillery) erworben wurde. Das Hauptaugenmerk von Angus Dundee liegt auf dem Verkauf von Blended Whisky, doch das Unternehmen bemüht sich auch um die Präsentation der Single Malts seiner beiden Brennereien.

Die Destillerie kann rund 1,4 Millionen Liter (370 000 Gallonen) Branntwein pro Jahr produzieren, der überwiegend für Blends bestimmt ist. Die Brennerei besitzt zwei Brennblasen, deren Hals im Winkel von 15° nach oben abknickt. Der alkoholische Dampf kann deshalb nicht so einfach entweichen, sondern kondensiert teilweise im Schwanenhals und läuft zurück in die Blase. Dies bewirkt einen intensiveren Kontakt mit dem Kupfer, wodurch sich im frischen Destillat süße, fruchtige Noten bilden. Glencadam verwendet vorrangig Bourbonfässer zur Reifung, aber man bespielt auch einige Sherry- und Portweinfässer.

2005 präsentierte Angus Dundee den ersten Single Malt von Glencadam, eine 15-jährige Abfüllung, die 2008 in neuer Aufmachung herauskam. Das aktuelle Sortiment umfasst 10, 15 und 21 Jahre alte Abfüllungen. Dazu kommen zwei im Fass ausgebaute Versionen: ein 12 Jahre alter Whisky aus dem Portweinfass und ein 14 Jahre alter aus dem Oloroso-Fass. Es gibt auch 30 und 32 Jahre alte Single-Cask-Abfüllungen.

10 Jahre

In der Nase Vanillepudding und Honig, mit Zitrus und leichtem Biss am Gaumen, ausklingend in einem würzigen, leicht pfeffrigen Finish.

- **Alk.: 46 Vol.-%**
- **Typ: Single Malt**

14 Jahre Oloroso Sherry Cask Finish

Orangenschale und Schokomüsli in der Nase, am Gaumen und im Finish Noten von Obstkompott und Nüssen.

- **Alk.: 46 Vol.-%**
- **Typ: Single Malt**

Glen Garioch

Glen Garioch gehörte mit Auchentoshan und The Bowmore zu der kleinen Gruppe von Destillerien im Besitz von Morison Bowmore. Das Unternehmen wurde 1994 von dem japanischen Getränkekonzern Suntory übernommen, der so erstmals in der schottischen Whisky-Branche Fuß fassen konnte. Er verhalf diesen Destillerien zu neuem Erfolg. Glen Garioch, 1797 in Old Meldrum bei Aberdeen in den östlichen Highlands gegründet, gehört zu den ältesten schottischen Destillerien überhaupt. Bei mehr als 200 Jahren Erfahrung in der Whisky-Produktion blieb Glen Garioch stets offen für den Fortschritt und schuf in den 1970er-Jahren mit dem Greenhouse Project ein innovatives und damals spektakuläres System zur Nutzung von Abwärme.

Die Destillerie erlebte ein spätes Revival und erhielt nach der gründlichen Überholung ihres Sortiments 2009 viel Lob. Man entschied sich, das neue Sortiment mit höherem Alkoholgehalt (48 Vol.-%) und nicht kalt filtriert anzubieten, was Whisky-Freunde besonders anspricht. Im Mittelpunkt des Sortiments stehen die Founder's Reserve und ein 12-Jähriger, die beide in Sherry- und Bourbonfässern gereift wurden. Dazu kommen verschiedene Jahrgangsabfüllungen, die alle in Fassstärke angeboten wurden. Erschienen sind die Jahrgänge 1999, 1997, 1995, 1994, 1991, 1990, 1986 und 1978. Daneben gab es zahlreiche Duty-free-Versionen. Vor Kurzem kam die Abfüllung Virgin Oak zusammen mit einem in Virgin Oak gereiften Auchentoshan heraus. Bei Glen Garioch brannte man über die Jahrzehnte getorfte und ungetorfte Whiskys. Einige ältere Abfüllungen haben einen rauchigen Stil, den man bei jüngeren Abfüllungen nicht mehr findet.

12 Jahre

Kraftvoller Whisky mit viel Charakter; tiefe, dunkle, fruchtige Aromen mit etwas Nuss und Schokolade.

★ **Alk.: 48 Vol.-%** ★ **Typ: Single Malt**

1995

Bananen-Karamell-Kuchen und Mokka in der Nase, am Gaumen Trockenfrüchte, Haselnuss, etwas Rauch und Schoko-Müsli-Schnitten am Gaumen und im Finish.

★ **Alk.: 55,3 Vol.-%** ★ **Typ: Single Malt**

Glengoyne

Die Destillerie Glengoyne liegt unweit von Glasgow in den südlichen Highlands und produziert seit 1833 Whisky. Es gab verschiedene Besitzer, aktuell ist sie Eigentum von Ian MacLeod Distillers, die sie 2003 von der Edrington Group erworben haben. In den letzten zehn Jahren haben sich Ausstoß und Renommee von Glengoyne stetig gesteigert.

Die von Glengoyne eingesetzte gemälzte Gerste wird mit warmer Luft ohne jeden Raucheinfluss getrocknet. Der völlig ungetorfte Whisky spricht ein breites Publikum an und ist sehr gefällig. Glengoyne praktiziert eine extrem langsame Destillation, bei der der Alkohol durch die Kupferrohre „kriecht" und durch den intensiven Kupferkontakt einen besonders süßen Geschmack bekommt. Außergewöhnlich sind auch die drei Brennblasen, normalerweise setzt man sie paarweise ein – eine Grobbrand- (Wash Still) und eine Feinbrandblase (Spirit Still). Hier werden zwei Spirit Stills als Tandem betrieben. Glengoyne ist wie Glenfarclas, The GlenDronach und Highland Park ein Verfechter von Sherryfässern und investiert beträchtliche Summen in den Kauf der spanischer Behälter.

Vom Fällen einer spanischen Eiche dauert es rund vier Jahre, bis daraus ein Fass wird, das von Glengoyne mit Whisky befüllt wird. Das luftgetrocknete Eichenholz wird in der Küferei zu einem 500-l-Sherryfass verarbeitet und für zwei Jahre mit Oloroso-Sherry befüllt. Anschließend wird es nach Schottland geliefert.

Das kürzlich überarbeitete Sortiment von Glengoyne umfasst Whiskys mit 10, 12, 15, 18 und 21 Jahren und eine Duty-free-Version. Nicht mehr angeboten wird die 17- und 12-jährige Abfüllung in Fassstärke.

Cask Strength

Feine Nase mit Anklängen von Trockenfrüchten. Am Gaumen voll und schwer, mit Bonbon- und Gewürzaromen, im Finish dann Zuckerwatte, Ingwer und Früchtekuchen.

⭑ Alk.: 58,7 Vol.-% ⭑ Typ: Single Malt

15 Jahre

Weich und fruchtig in der Nase, am Gaumen Vanille, Honig und Cornflakes, das Finish ist weich, fruchtig und würzig.

⭑ Alk.: 43 Vol.-% ⭑ Typ: Single Malt

Glenmorangie

Glenmorangie gehört zu den meistverkauften Malts weltweit und ist problemlos in den meisten Supermärkten zu finden. Die Destillerie wurde 1843 gegründet und liegt in der Nähe von Tain in den nördlichen Highlands. Ihr Gründer William Matheson begann mit zwei Gin-Brennblasen aus zweiter Hand. Diese hohen Brennblasen wurden zu einem wesentlichen Aspekt des Hausstils von Glenmorangie. Mit 5,50 m Höhe sind sie die größten Brenngefäße der Branche – etwa so hoch wie eine ausgewachsene Giraffe. Durch die extreme Länge des Aufsatzes müssen die Alkoholdämpfe sich bis ganz oben kämpfen und über den Lyne-Arm in den Kondensator gelangen. Dies führt zu einem intensiven Kupferkontakt und einem leichteren, fruchtigeren Stil des Destillats. Die ursprünglichen Brennblasen wurden schon vor langer Zeit durch Nachbauten ersetzt, und nach der Expansion 1990 auf acht Stills erweitert.

Um guten Whisky zu machen, braucht man gute Fässer – kaum einer beherzigt das so sehr wie Glenmorangie. Über die Jahre unternahm man große Anstrengungen, die besten Fässer der Branche einzusetzen. Die Suche danach hat Glenmorangie bis in die Eichenwälder der Ozark Mountains im US-Bundesstaat Missouri geführt. Dort werden langsam gewachsene amerikanische Weißeichen ausgewählt, die gefällten Stämme zersägt und an der Luft getrocknet, bevor daraus mit höchster Präzision Fässer gebaut und ausgekohlt werden. Diese Fässer verleiht man an zwei namentlich nicht bekannte Whiskey-Produzenten in Kentucky und Tennessee. Diese lagern vier Jahre ihren Bourbon- bzw. Tennessee-Whiskey darin. Die leeren Fässer gelangen dann per Schiff zu Glenmorangie zur Befüllung. Glenmorangie verwendet auch andere Fässer für die Reifung, darunter solche, in denen Portwein, Sauternes, Sherry und andere Weine lagerten. Alle Fässer werden vor der Neubefüllung zerlegt, genauestens geprüft und neu zusammengesetzt.

Für die im Holz veredelten Versionen kommen verschiedene europäische Fässer zum Einsatz. Der Whisky dafür reifte zuvor hauptsächlich in amerikanischer Eiche, um dann den letzten Schliff in ausgewählten Fasstypen zu bekommen. Glenmorangie war in den 1990er-Jahren ein Vorkämpfer dieser Technik, doch es gibt eine kontroverse Debatte über die Urheberschaft. Das Sortiment von Glenmorangie ist umfangreich; man findet den Original (10 Jahre alt), Quinta Ruban (Finish im Portweinfass), Nectar d'Or (Sauternes-Finish) und Lasanta (Sherry-Finish).

Original

Leicht und fein, mit süßem Vanille-Toffee und Zitrusaromen. Perfekt, um neue Whisky-Trinker zu gewinnen.

★ Alk.: 40 Vol.-% ★ Typ: Single Malt

Quinta Ruban, 12 Jahre

Orangenschokolade in der Nase mit süßer, marmeladiger Frucht. Dunkle Schokolade und Gewürze am Gaumen und im Finish.

★ Alk.: 46 Vol.-% ★ Typ: Single Malt

Signet

Mit einem Anteil Chocolate Malt gemacht, das man gewöhnlich für Stout- und Porter-Biere verwendet. Voll, tief, dunkel und komplex mit dunkler Frucht, Mokka, Vanille und würziger Eiche.

★ Alk.: 46 Vol.-% ★ Typ: Single Malt

Glen Moray

Glen Moray erlebte 2008 mit dem Aufkauf durch den französischen Getränkekonzern La Martiniquaise eine enorme Veränderung. Davor war es im Besitz von Glenmorangie Plc. und spielte dort, trotz einiger Jahre mit stetigem Wachstum, neben den beiden anderen Destillerien des Unternehmens, Glenmorangie und Ardberg, eine untergeordnete Rolle. Seit der Übernahme erschienen einige neue Abfüllungen und die Destillerie tritt aus dem Schatten von Glenmorangie. Zum aktuellen Sortiment gehören der Classic und 10, 12 und 16 Jahre alte Malts. Daneben sind noch ältere Versionen wie ein 25- und ein 30-Jähriger erhältlich. Es gibt unabhängige Abfüllungen, doch seit dem Führungswechsel werden diese seltener.

12 Jahre

Unkompliziert, mit Noten von frisch aufgeschnittener Birne, Vanille, Rhabarber, weichem Sahnebonbon und Mürbegebäck.

★ Alk.: 40 Vol.-% ★ Typ: Single Malt

Knockdhu

Nur selten verkauft eine Destillerie ihren Malt unter einem anderen Namen, wie es Knockdhu tut. 1993 entschied man sich erstmals, den Whisky unter dem Namen AnCnoc zu vermarkten, um ihn von der ähnlich klingenden Brennerei Knockando zu unterscheiden. Nach einigen Anfangsschwierigkeiten galt der Name AnCnoc ab 2003 endgültig als etabliert. Zusammen mit dem neuen Namen, einer moderneren Aufmachung und einem tollen Produkt fand die Marke bald großen Anklang. Zum Sortiment gehören 12, 16 und 22 Jahre alte Versionen, dazu kommt jährlich eine Jahrgangsabfüllung. 2012 kam ein limitierter 35 Jahre alter Malt heraus, dazu eine spezielle Serie mit Etiketten, die der Illustrator Peter Arkle gestaltet hat.

AnCnoc, 12 Jahre

Feiner, komplexer Whisky mit einem sich langsam entwickelnden Aromenspektrum. Gekochtes, würziges Obst kombiniert mit zartem Rauch.

★ Alk.: 40 Vol.-% ★ Typ: Single Malt

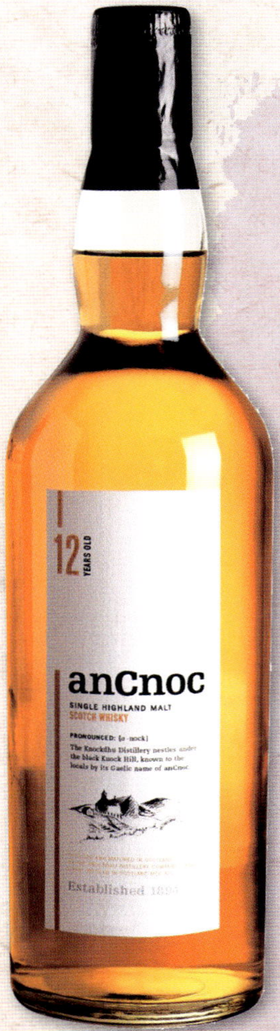

WHISKY-ZITATE

„Sie bemängeln, dass einige meiner Stars Whisky trinken. Doch ich habe herausgefunden, dass diejenigen, die Milchshakes trinken, selten Baseballspiele gewinnen."

– Casey Stenge

Oban

Oban ist eine der zehn verbliebenen Destillerien, die vor 1800 erbaut wurden und noch produzieren. Sie überwand in den letzten zwei Jahrhunderten viele Widrigkeiten und stieg beharrlich zu den 20 bestverkauften Single Malts weltweit auf. Einen Teil des Erfolgs verdankt sie der Aufnahme in die Serie Classic Malts von Diageo 1988. Oban ist eine der ältesten und zugleich eine der kleinsten Destillerien. Das liegt an ihrem abgeschiedenen Standort an der Westküste mitten in einem Fischerstädtchen, wo durch die umliegende Bebauung eine Expansion unmöglich ist. Das Sortiment von Oban besteht nur aus dem klassischen 14-jährigen Malt und The Distillers Edition. Letztere kommt jedes Jahr heraus und wird in Fässer von Montilla Fino Sherry ausgebaut. Unabhängige Abfüllungen findet man so gut wie nicht.

14 Jahre

Perfekt für alle, die zwar den Küstenstil mögen, aber kein Fan von viel Torf sind. Dieser Whisky ist ein Multitalent: fruchtig und weich, dabei aber auch würzig und leicht rauchig.

⁎ Alk.: 43 Vol.-% ⁎ Typ: Single Malt

Old Pulteney

Die in der Fischerstadt Wick beheimatete Destillerie Pulteney ist die zweitnördlichste Brennerei auf dem Festland. Sie wurde 1826 von James Henderson in einem der damals lebhaftesten Fischereihäfen Europas gegründet. Man sagt, zu dieser Zeit tummelten sich im Hafen rund 1000 Fischdampfer mit rund 7000 Seeleuten, die alle Jagd auf Heringe, die „Silver Darlings", machten. Die Brennerei wechselte mehrfach den Besitzer. Der aktuelle Eigentümer, die Inver House Distillers (Eigentümer der Destillerien Balblair, Knockdhu und Speyburn) erwarb sie 1997. Im gleichen Jahr präsentierte die Destillerie mit dem Old Pulteney (12 Jahre) ihren Standard-Whisky.

Pulteney, direkt an der Küste gelegen, wird durch das Meer geprägt. Die Küstenumgebung schlägt sich im Whisky nieder, und einige glauben, die Seeluft vermittle dem reifenden Branntwein einen frischen Charakter und eine raffinierte Salzigkeit – eine nicht ganz abwegige Theorie, denn Eiche ist porös und die Fässer atmen. Die Destillerie tritt bei verschiedenen maritimen Events als Sponsor auf, etwa beim Clipper Round the World Yacht Race 2013–14, wo sie ein Jachtteam unterstützte. Seit Inver House die Destillerie übernommen hat, stieg der Absatz, und die Whiskys wurden bei verschiedenen Wettbewerben ausgezeichnet. Zum Sortiment gehören 12, 17, 21, 30 und 40 Jahre alte Whiskys und als Ergänzung einige limitierte und Duty-free-Abfüllungen.

17 Jahre

Leicht und süß in der Nase, am Gaumen eingekochte Birnen und kandierter Apfel, im Finish Spuren von Vanille.

★ Alk.: 46 Vol.-% ★ Typ: Single Malt

12 Jahre

Frisch, herzhaft und typisch für die Küste. Durchgängig Noten von Zitrus, Honig, Kiefernholz, Malz und Eiche.

★ Alk.: 40 Vol.-% ★ Typ: Single Malt

WHISKY-ZITATE

„Ich singe gern und ich trinke gern Scotch. Die meisten Menschen hören mich lieber Scotch trinken."

– George Burns

Royal Lochnagar

Die Destillerie Lochnagar und ihr Gründer James Robertson hatten einen schwierigen Start. Nachdem seine erste Brennerei bei Glen Feardan 1826 von Konkurrenten niedergebrannt wurde, erbaute James Robertson Lochnagar. Doch es dauerte nicht lange, und der neue Betrieb erlitt das gleiche Schicksal – James war nicht unbedingt beliebt. 1845 erbaute man dann die heutige Destillerie und nannte sie New Lochnagar. Damals besuchte Queen Victoria die Destillerie und verlieh ihr das Prädikat „Hoflieferant". Ab dann nannte man sich Royal Lochnagar. Die kleinste Brennerei des Konzerns Diageo hat ein überschaubares Stammsortiment: ein 12 Jahre alter Malt, die Distillers Edition und eine Select Reserve.

12 Jahre

Komplexer Malt mit einem breiten Aromenspektrum, Noten von Karamell, Trockenfrüchten, Eichenwürze, Lakritz und Kräutern.

⭑ Alk.: 43 Vol.-% ⭑ Typ: Single Malt

Eine einzigartige Erfahrung

Sogar für die exklusivsten Malts werden Whiskys aus verschiedenen Fässern und aus verschiedenen Jahren gemischt, denn im Vordergrund steht die gleichbleibende Qualität des Geschmacks.

Jedes Fass Whisky wartet mit feinen Geschmacksunterschieden auf, beeinflusst durch die Fassart, die Positionierung im Lager und sogar durchs Wetter. Single-Cask-Whisky macht es möglich, den einzigartigen Geschmack eines bestimmten Fasses zu erleben – unvermischt und nicht kühlgefiltert.

Ein Fass ergibt nur einige Hundert Flaschen. Gewöhnlich trägt jede Flasche die Fassnummer, die Reifezeit und die Gesamtmenge der abgefüllten Flaschen. Diese Whiskys sind teuer und bei Sammlern begehrt. Typisch ist die Abfüllung mit Cask Strength, einem Alkoholgehalt von 50–60 Vol.-% im Gegensatz zu den sonst üblichen 40–43 Vol.-% Man genießt ihn je nach Geschmack mit etwas Quellwasser.

Obwohl Kenner behaupten, Single-Cask-Abfüllungen seien der einzig wahre Whisky, garantiert diese Variante nicht unbedingt einen großartigen Geschmack. Das Blending bewirkt oftmals eine Qualitätsverbesserung, indem es Schwächen ausgleicht.

Es gibt viele Abnehmer für Single-Cask-Whisky. In einigen Destillerien wie Glengoyne kann man das Fass selbst aussuchen, den Inhalt verkosten und ihm sogar zum Geburtstag gratulieren.

Tomatin

In den 1970er-Jahren waren bei Tomatin 23 Brennblasen in Betrieb, was ihn – für kurze Zeit – zur größten Brennerei Schottlands machte. In ihrer Glanzzeit produzierte die Destillerie etwa 12 Millionen Liter (3,2 Millionen Gallonen) pro Jahr. Das entspricht dem Ausstoß mancher der in der letzten Boom-Phase errichteten schottischen Megabrennereien. Die frühen 1980er-Jahre waren wirtschaftlich schwierig, und die Kapazität wurde reduziert. 1986 wurde Tomatin als erste schottische Destillerie von Japanern aufgekauft und damit gerettet.

Das Sortiment besteht aus Legacy, 12, 15, 18 und 30 Jahre alten Malts, der getorften Version Cù Bòcan und einer Handvoll limitierter Abfüllungen.

12 Jahre

Sehr gefälliger, ehrlicher Malt. Anklänge von Karamell, Vanille, Zitrus und kandiertem Apfel verschmelzen zu einem genussvollen Schluck.

★ Alk.: 40 Vol.-% ★ Typ: Single Malt

Tullibardine

Nachdem sie unter dem alten Besitzer Whyte & Mackay fast zehn Jahre stilllag, erweckte eine Investorengruppe die Destillerie Tullibardine 2003 zu neuem Leben. Die neuen Besitzer machten sich daran, eine Vielzahl von neuen Abfüllungen mit einem Schwerpunkt auf Ausbau in verschiedenen Fässern zu präsentieren. Bereits 2011 wurde die Brennerei an das französische Unternehmen Picard Vins & Spiritueux weiterverkauft. Die neuen Besitzer ließen die Dinge weitgehend unverändert, strafften aber das Sortiment auf einige Versionen wie den Sovereign (NAS/ohne Altersangabe), drei holzveredelte Malts namens 225 Sauternes, 228 Burgundy und 500 Sherry und einen 20 bzw. 25 Jahre alten Whisky.

Sovereign

Dieser sehr ansprechende Whisky reifte ausschließlich in ehemaligen Bourbonfässern. Eine feine Kombination aus Vanille und Karamell verbindet sich mit floralen Noten zu einem leichten, delikaten Drink.

★ Alk.: 43 Vol.-% ★ Typ: Single Malt

ISLAY

Diese kleine Insel vor der Westküste Schottlands wird wegen der vielen Destillerien auch „Whisky-Insel" genannt. Auf den 620 km^2 gibt es acht aktive Brennereien; die neunte, Gartbeck, ist für das Frühjahr 2015 geplant.

Als einstiger Sitz der Regionalkönige, der „Lords of the Isles", kann Islay auf eine historische Eigenständigkeit verweisen, die sich im einzigartigen Geschmack seines Malt Whiskys spiegelt. Die Topografie der Insel begünstigte die Entwicklung hocharomatischer Malt Whiskys. Auf Islay gibt es große Torfmoore, weshalb die Malts oft einen hohen Phenolanteil haben. Die Winterstürme tragen die Gischt ins Inland, wo sie

Die Topografie der Insel begünstigte die Entwicklung hocharomatischer Malt Whiskys.

sich im Torf festsetzt und so für eine weitere typische Geschmackskomponente sorgt. Wird dieser Torf zum Trocknen der Gerste benutzt, bewirkt dies einen intensiven, fast medizinischen Geschmack, geprägt von Torfrauch, Salzwasser und Jod.

Im Norden der Insel erzeugen die Destillerien einen ganz anderen Whisky. Bruichladdich, 2001 wieder-

eröffnet, und Bunnahabhain fassen ihr Quellwasser, bevor es mit Torf in Kontakt kommt. Sie verwenden auch nur leicht oder gar nicht getorfte Gerste, weshalb ihre Whiskys im Hausstil milder und leichter ausfallen. Um die Dinge noch komplizierter zu machen, produziert Bruichladdich aber auch den am stärksten getorften Whisky der Welt, den Octomore.

Die Destillerie Bowmore in der Inselmitte liegt auch geschmacksmäßig zwischen den Whiskys aus dem Süden und Norden von Islay: etwas Torf, aber nicht medizinisch, dazu Toffee und florale Noten. Caol Ila ist ein salzig-rauchiger Whisky aus der größten Brennerei der Insel. Er ist als Single Malt relativ neu, aber in vielen Blends als Malt vertreten.

Kilchoman, die 2005 gegründete jüngste Destillerie der Insel, treibt das Bemühen um Unabhängigkeit auf die Spitze. Alle Stadien der Produktion finden auf Islay statt; sogar die Gerste wird selbst angebaut.

Ardbeg

Ardbeg ist wie Lagavulin und Laphroaig an der Südküste von Islay beheimatet. Wie die benachbarten Destillerien produziert man einen stark getorften Whisky. Die Destillerie wurde 1815 gegründet, doch bereits 1794 existierte dort eine Brennerei. Ardbeg war fast zwei Jahrhunderte erfolgreich tätig, wurde aber 1981 geschlossen. Der Kauf durch die Glenmorangie Company 1997 bedeutete für Ardbeg die Rettung. Ein neues Kapitel der Firmengeschichte begann, und man schuf die Basis für die Ikone der Islay-Malts. Unter Glenmorangie wurde wieder eigener Branntwein erzeugt, gleichzeitig brachte man Abfüllungen aus vorhandenen Lagerbeständen auf den Markt.

Zu diesen Abfüllungen aus den 1990er-Jahren gehören einige besondere Versionen, die heute schwindelerregende Preise erzielen und von Ardbeg-Fans hochgelobt werden. 2004 kam der erste neue Ardbeg aus nach der Wiedereröffnung gebranntem Alkohol als Very Young heraus. Er war der erste in einer Serie, die folgte, bis der Whisky zehn Jahre alt war und das gängige Abfüllalter hatte. Es folgten die Abfüllungen Still Young und Almost There, und 2008 die Renaissance zur Feier des zehnjährigen Jubiläums nach der Wiedereröffnung. Wie die meisten Destillerien auf Islay bezieht Ardbeg das Malz von der Mälzerei Port Ellen und reift den Whisky in Bourbonfässern. Bei Ardbeg stammt der Großteil der Fässer aus der Brennerei Buffalo Trace, doch man nutzt auch einige andere, zum Teil Sherryfässer. Zum aktuellen Sortiment gehören der 10 Jahre alte Whisky und die Versionen Uigeadail und Corryvreckan. Jedes Jahr wird eine limitierte Abfüllung präsentiert, wie zum Beispiel Ardbog, Galileo und Alligator. Dazu gab es nach der Wiedereröffnung zahlreiche Single-Cask-Abfüllungen.

10 Jahre

In der Nase Rauch, dazu süßes Zitrusaroma, Honig, Torf und am Gaumen und im Finish noch Rauch.

⭑ Alk.: 46 Vol.-%
⭑ Typ: Single Malt

Uigeadail

Teilweise im Sherryfass gereift. In der Nase rauchige Schokolade, am Gaumen Früchtekuchen und Torf; der lange, intensive Abgang hat ordentlich Biss.

⭑ Alk.: 54,2 Vol.-%
⭑ Typ: Single Malt

Bowmore

Die Destillerie Bowmore liegt im Herzen der Insel im Städtchen Bowmore, der „Hauptstadt" von Islay. Die 1779 von John Simpson gegründete Brennerei ist die älteste der Insel und eine der ältesten in Schottland. Im Lauf der Jahre hatte die Destillerie zahlreiche Eigentümer. 1963 kaufte Stanley P. Morrison sie für die fürstliche Summe von 117 000 Pfund und gründete das Unternehmen Morrison Bowmore (ebenfalls Eigentümer von Glen Garioch und Auchentoshan). Das Unternehmen wuchs und wurde 1994 von Suntory gekauft, dem aktuellen Besitzer.

Bowmore gehört zu den wenigen schottischen Destillerien, die noch einen Mälzboden nutzen. Rund ein Drittel des Malzes wird selbst hergestellt, der Rest wird aus der Mälzerei Port Ellen bezogen. Anders als Islays Schwergewichte Ardbeg, Lagavulin und Laphroaig ist der Whisky von Bowmore nur etwa halb so stark getorft. Die Destillerie beansprucht für sich, eine der besten der Insel zu sein. Sie bietet ein modernes Besucherzentrum und einen tollen Blick über die Meeresbucht Loch Indaal. Bowmore lässt seine Brände in verschiedenen Fasstypen reifen, darunter Bourbon- und Sherryfässer, und gelegentlich auch Wein- und Portweinfässer.

Das Sortiment von Bowmore ist breit gefächert und beinhaltet einige sehr teure und alte Abfüllungen wie Bowmore White, Gold und Black, die 2007 bis 2009 herauskamen und mehrere tausend Pfund kosten. Das aktuelle Sortiment präsentiert den Legend, den 15 Jahre alten Darkest (Sherryfass), 12, 18 und 25 Jahre alte Malts. Zu neueren limitierten Abfüllungen gehören die Serien Tempest und Devil's Cask, ein 23-Jähriger, der im Portweinfass reifte.

Tempest, 10 Jahre, Batch 4

In Bourbonfässern gereift. Noten von Zitrus, Vanille und sanftem Rauch, Torf, Pfeffer und würziger Eiche.

⭑ Alk.: 55,1 Vol.-% ⭑ Typ: Single Malt

Darkest, 15 Jahre

In der Nase Rauch, Frucht und Germolene-Creme, am Gaumen Toffee und würzige Frucht, im Finish rauchig und trocken.

⭑ Alk.: 43 Vol.-% ⭑ Typ: Single Malt

Bruichladdich

Die Destillerie Bruichladdich liegt im Westen der Insel nahe Port Charlotte. Sie wurde 1881 von den Brüdern William, John und Robert Harvey gegründet, die eine für die damalige Zeit hochmoderne Destillerie errichteten. Die Harveys haben sich intensiv der Whiskyproduktion verschrieben, sie besaßen und betrieben mehrere Brennereien auf dem Festland. Die Destillerie war lange erfolgreich, bis sie nach dem Tod von William 1937 geschlossen wurde. Bruichladdich öffnete im folgenden Jahr zwar wieder, doch die nächsten Jahrzehnte sollten turbulent verlaufen, mit wechselnden Besitzern und wiederkehrenden Phasen der Schließung.

Die Wende kam 2000, als eine private Investorengruppe, darunter örtliche Grundbesitzer, die Destillerie kauften. Unter diesen unabhängigen Eigentümern entwickelte sich ein neuer Geist der Authentizität und des Stolzes. Heute beschäftigt die Brennerei fast 50 Menschen aus der Umgebung, darunter der dreimalige Distiller of the Year, Jim McEwan, der nach vielen Jahren bei Bowmore die Leitung der Produktion übernahm.

Bruichladdich besitzt viele einzigartige Qualitäten, so ist die Destillerie ein voll funktionsfähiges Technikmuseum mit einer fast komplett erhaltenen und restaurierten Geräteausstattung. Hier arbeitet eine der beiden noch existierenden Lommond Stills (die andere steht in Scapa). Jede Fassfüllung wird auf Islay gereift, und die gesamte Gerste, teilweise aus Bioanbau, stammt aus Schottland. Der kometenhafte Aufstieg seit 2000 weckte das Interesse des Getränkekonzerns Rémy Cointreau, der die Destillerie 2012 für 58 Millionen Pfund kaufte – ein lohnendes Geschäft für die Investoren, die ursprünglich 6,5 Millionen Pfund gezahlt hatten.

Die Destillerie produziert drei verschiedene Whiskytypen: Der ungetorfte wird als Bruichladdich verkauft, der stark getorfte als Port Charlotte und der extrem getorfte als Octomore. Der Octomore ist momentan der weltweit am stärksten getorfte Whisky. Die Reifung erfolgt in verschiedenen Fasstypen, darunter Bourbonfässer und Dutzende verschiedener Weinfässer. Von den drei Stilen gibt es wiederum eine Vielzahl von Versionen. Zu den aktuellen Abfüllungen gehören Laddie Ten, Laddie 16 und Laddie 22, Bere Barley 2006 Second Edition, Oslay Barley 2007, Rockside Farm, Black Arts 3 und 4, Port Charlotte 10, Octomore 10, Octomore 06.1 und Octomore 06.2. Bruichladdich fügt keine Farbstoffe zu und verzichtet komplett auf Kaltfilterung.

The Laddie Ten

Süßlich, mit grünen Noten in der Nase, am Gaumen süß und leicht, mit einem trockenen, salzigen und erdigen Finish.

⋆ Alk.: 46 Vol.-% ⋆ Typ: Single Malt

Port Charlotte, 10 Jahre

In der Nase Rauch, Zitrus und Heidekraut, dazu am Gaumen reifes Obst und Torf; würzig-rauchiges Finish.

⋆ Alk.: 46 Vol.-% ⋆ Typ: Single Malt

Octomore 06.1

Komplexer und prägnanter Whisky mit leichtem Mundgefühl; jede Menge Torf, Asche, Honig, Zitrus und Meeresgischt. Das Finish ist pfeffrig, trocken, rauchig, salzig und intensiv.

⋆ Alk.: 57 Vol.-% ⋆ Typ: Single Malt

Bunnahabhain

Bunnahabhain ist die nördlichste Brennerei der Insel und im Gegensatz zu den anderen Destillerien nicht für einen getorften Whisky bekannt. Bunnahabhain pflegt einen viel leichteren Stil als seine Nachbarn. Daneben produziert die Destillerie auch getorften Whisky, der zum Großteil an Blender und Abfüller verkauft wird. Er wird nach einem Fluss in der Nähe benannt als Margadale verkauft. Margadale erfreut sich zunehmender Beliebtheit bei unabhängigen Abfüllern. Das hat zwei Gründe: Er schmeckt hervorragend, und die übrigen Brennereien auf Islay verkaufen immer weniger Fässer an Abfüller und Blender. Das liegt an der wachsenden Nachfrage nach getorftem Whisky, weshalb Destillerien wie Laphroaig, Lagavulin und Ardbeg jeden Tropfen für ihre Single Malts brauchen, und, wenn überhaupt, nur ganz wenige Fässer an Abfüller verkaufen.

So werden wir in den nächsten Jahren wesentlich mehr getorften Whisky von Bunnahabhain sehen, doch der Hausstil wird unangetastet bleiben. Ein getorfter Whisky erscheint im Sortiment von Bunnahabhain als 10-jähriger Toiteach, allerdings ist er nicht überall verfügbar. Die Brennerei, aktuell im Besitz von Burn Stewart Distillers (ebenfalls Eigentümer von Tobermory und Deanston), kann rund 2,7 Millionen Liter (715 000 Gallonen) pro Jahr produzieren. Zum Sortiment von Bunnahabhain gehören 12, 18 und 25 Jahre alte Malts. Man findet auch noch ältere und unabhängige Abfüllungen.

12 Jahre

Frisch und leicht in der Nase, am Gaumen eine Spur Frucht, im Finish eine zarte Torfnote.

⭑ Alk.: 46,3 Vol.-% ⭑ Typ: Single Malt

18 Jahre

Üppig und süß in der Nase, am Gaumen ausgeprägte Sherryfruchtigkeit; mit trockenem, salzigem Finish.

⭑ Alk.: 46,3 Vol.-% ⭑ Typ: Single Malt

Caol Ila

Die Caol Ila Distillery wurde 1846 gegründet. Sie liegt oberhalb des schmalen Islay-Sunds, dem sie ihren Namen verdankt. Der Ausblick vom Brennhaus ist überwältigend: Die großen Fenster bilden den Rahmen für eine beeindruckende Szenerie aus den drei Kegeln der Paps of Jura und dem Meer davor. Caol Ila ist die größte Brennerei auf Islay und kann heute nach der Erweiterung 2011 unglaubliche 6,5 Millionen Liter (1,7 Millionen Gallonen) pro Jahr produzieren, fast doppelt so viel wie Laphroaig, die zweitgrößte Destillerie der Insel.

Der überwiegende Teil des von Caol Ila erzeugten Whiskys ist für das Blending auf dem Festland bestimmt. Caol Ila spielt eine wichtige Rolle in beliebten Blends wie Johnnie Walker. Neben ihrer wichtigen Funktion für das Blend-Sortiment von Diageo füllt die Destillerie unter eigenem Namen auch einen beliebten Malt ab. Das aktuelle Sortiment besteht aus Moch, 12-, 18- und 25-jährigen Abfüllungen, The Distillers Edition (in Muskatellerfässern ausgebaut) und Cask Strength. Die Whiskys von Caol Ila reifen fast ausschließlich in amerikanischen Eichenfässern, gelegentlich findet man auch Versionen aus dem Sherryfass, wie die Abfüllung Managers' Choice von 2010. Es gibt auch eine ungetorfte Version und verschiedene unabhängige Abfüllungen, teilweise mit sehr gutem Preis-Leistungs-Verhältnis.

12 Jahre

In der Nase sanfter Torfrauch und eine Meeresbrise, dazu Zitrus, Gewürze; ein deutlicher Küstencharakter am Gaumen. Ein etwas zarterer Whisky im Vergleich zu einigen Nachbarn.

⋆ Alk.: 43 Vol.-% ⋆ Typ: Single Malt

Distillers Edition

Würzige, intensive Frucht und Rauch in der Nase, am Gaumen Torf, Honig und Rauch; ein süß-würziges Finish.

⋆ Alk.: 43 Vol.-% ⋆ Typ: Single Malt

WHISKY-ZITATE

„Ein guter Schluck Whisky zur Schlafenszeit – das ist zwar nicht sehr wissenschaftlich, aber es hilft."

– Sir Alexander Fleming

Kilchoman

Kilchoman ist die jüngste Destillerie auf Islay. Der 2005 fertiggestellte Betrieb war nach über hundert Jahren die erste dort neu gebaute Brennerei. Eigentümer und Firmenchef ist Anthony Wills, geleitet wird die Destillerie von John MacLellan, einem Exmanager bei Bunnahabhain. Im Vergleich zu ihren Nachbarn ist die Brennerei winzig. Sie liegt im Westen der Insel, unweit von Bruichladdich, auf dem Gelände der Rockside Farm, die einen Teil der Gerste liefert.

Kilchoman betreibt eine eigene Mälzerei und füllt auch selbst ab. Die Reifung findet ausschließlich auf Islay statt. Momentan werden die Lagerkapazitäten erweitert, um mehr Fässer unterbringen zu können. Die eigenen Lagerräume von Kilchoman sind voll belegt, sodass ein Teil der Fässer in Gebäuden der geschlossenen Port Ellen Distillery reifen.

Die Destillerie überbietet sich selbst ständig und fand bereits mit ihren jungen Whiskys viel Anerkennung. 2009 kam der erste Single Malt, ein Dreijähriger, von Kilchoman heraus, 2010 folgten drei weitere Versionen. 2011 präsentierte Kilchoman seinen ersten Whisky der Reihe 100 % Islay, die inzwischen in der dritten Ausgabe vorliegt. Diese verwenden ausschließlich auf Islay angebaute und in der Destillerie gemälzte Gerste und sind – im Gegensatz zu den Standardversionen – weniger getorft. Das Angebot von Kilchoman konzentriert sich vorrangig auf limitierte Abfüllungen, daneben gibt es ein Kernsortiment mit den Whiskys Machir Bay und Loch Gorm (Sherryfass). Kilchoman setzt keine Farbe zu und verzichtet auf Kühlfilterung.

100 % Islay, 3rd edition

Leicht, mit süßem Rauch in der Nase; Noten von zitronigem Toffee, mildem Torf, Butterkaramell, Gerste und Rauch.

⋆ Alk.: 50 Vol.-% ⋆ Typ: Single Malt

Machir Bay

In der Nase kräftiger Rauch und Zitrus, am Gaumen karamellisierter Apfel und Torf, im Finish würzige Eiche und Rauch.

⋆ Alk.: 46 Vol.-% ⋆ Typ: Single Malt

Klein, aber fein

Im 19. Jahrhundert waren Hofbrennereien auf Islay weit verbreitet, denn der Small Stills Act von 1816 führte günstige Lizenzen für Brennblasen mit maximal 40 Gallonen Kapazität ein.

Wenige davon haben überlebt, doch knapp 200 Jahre später wurde diese Form des Destillierens im kleinen Rahmen von Anthony Wills, dem Gründer und Eigentümer von Kilchoman, wiederbelebt. Zuvor als unabhängiger Abfüller tätig, investierte er eine Million Pfund in eine handwerkliche Whiskybrennerei auf der Rockside Farm in der Gemeinde Kilchoman auf Islay. Die beiden Brennblasen fassen zusammen rund 3000 Liter (793 Gallonen), mithin ein Bruchteil der Kapazität der benachbarten Brennereien. Die Produktion liegt bei etwa 120 000 Litern (31 700 Gallonen) im Jahr. Sie begann 2005 mit einem rasch reifenden torfigen Brand. Der erste Single Malt von Kilchoman, ein Dreijähriger, kam im September 2009 heraus.

Bei Kilchoman erfolgen alle Arbeitsschritte komplett vor Ort. Auf der Farm wird die Gerste angebaut, gemälzt, der Alkohol destilliert und gereift. Das Ergebnis ist die limitierte Inaugural 100 % Islay Edition, die im Juni 2011 erstmals herauskam.

Die Idee eines handwerklichen Whiskys fand großes Echo bei den Whisky-Freunden. Kilchoman schlug 2013 bei der International Whisky Competition in der Blindverkostung 50 Konkurrenten und wurde Whisky of the Year.

Lagavulin

John Johnston, ein Farmer und vermutlich auch Schwarzbrenner, gründete 1816 die Destillerie Lagavulin an der Südküste von Islay. Die Brennerei liegt in Sichtweite der Ruinen von Dunyvaig Castle, das vor vielen Jahrhunderten der Stammsitz der Lords of the Isles war. 1852 wechselte die Destillerie den Besitzer: John Crawford Graham betrieb sie bis 1867. Dann übernahmen James Logan Mackie & Co. die Destillerie, modernisierten sie und optimierten die Produktion.

Unter dem neuen Eigentümer begann der eigentliche Aufstieg der Brennerei. 1878 holte James Logan Mackie seinen Neffen Peter Mackie ins Unternehmen. Peter erbte die Destillerie 1889 und schuf den bis heute beliebten Blend White Horse. Er initiierte 1908 auch den Bau der Destillerie Malt Mill an gleicher Stelle, die bis 1960 bestand. Der legendäre Malt Mill Whisky ist gewissermaßen der Heilige Gral des Islay Whiskys: Es gibt nur eine einzige bekannte Flasche davon, die im Besucherzentrum der Destillerie zu sehen ist.

Nur wenige Destillerien können eine ähnliche Erfolgsgeschichte wie Lagavulin in den letzten 20 bis 30 Jahren vorweisen, dessen 16-Jähriger mit zu den berühmtesten Malts der Welt gehört. Bedingt durch diesen Erfolg arbeitet die Brennerei inzwischen nonstop, um Vorräte für die Zukunft anzulegen. Lagavulin füllt fast alles selbst ab, nur ein kleiner Teil fließt angeblich in den Blend White Horse. Das Sortiment besteht aus einem 16-Jährigen, The Distillers Edition und dem 12-jährigen Cask Strength. Es gab einige weitere Abfüllungen, wie 2013 die 37 Jahre alte Sonderedition.

16 Jahre

In der Nase intensiver Rauch und Torf mit viel Gewicht im Mund. Anklänge von Tang, süßem Torf, gebratenem Räucherspeck und Trockenfrüchten.

★ Alk.: 43 Vol.-% ★ Typ: Single Malt

The Distillers Edition

Rauchige Trockenfrüchte in der Nase, dazu am Gaumen süßes, vollreifes Obst und Torf; mit trocken-salzigem pikantem Finish.

★ Alk.: 43 Vol.-% ★ Typ: Single Malt

Laphroaig

Die Destillerie Laphroaig, an der Südküste von Islay in der Nähe von Lagavulin beheimatet, produziert den meistverkauften Single Malt der Insel. Der Laphroaig gehört außerdem zu den Top 10 der weltweit verkauften Malts. Die Destillerie gehört zu der Handvoll Betrieben in Schottland, die noch eine eigene Mälzerei besitzen. Sie produziert rund ein Fünftel des Malzes, der Rest wird von der Mälzerei Port Ellen bezogen. Die Destillerie hat sieben Brennblasen in Betrieb und kann rund 3,3 Millionen Liter (872 000 Gallonen) Rohbrand pro Jahr produzieren. Die Reifung erfolgt in Bourbonfässern, die von der Brennerei Maker's Mark in Kentucky stammen. Beide Destillerien befinden sich im Besitz von Beam.

Laphroaig ist zweifellos ein mächtiger, torfiger Whisky, dessen an Jod- und Phenollösung erinnernder Geschmack viele als medizinisch empfinden. Genau das erwies sich in den 1920er-Jahren, der Zeit der Prohibition in den USA, als großer Vorteil, denn man konnte ihn „für medizinische Anwendungen" verkaufen.

Die Whisky-Gesellschaft „Friends of Laphroaig" hat weltweit über eine halbe Million Mitglieder. Wer beitritt, erhält in der Destillerie einen Gratisdrink und im Shop Rabatt. Und man erhält einen eigenen „Square foot of Islay" auf einem Feld vis-à-vis der Brennerei zugeteilt, den man mit einer Flagge markieren kann.

Zum aktuellen Sortiment gehören Quarter Cask, 10, 18 und 25 Jahre alte Abfüllungen, ein Cask Strength (10 Jahre) und Triple Wood. Für den Duty-free-Handel werden PX Cask (in Pedro-Ximénez-Fässern gereift), QA Cask und An Cuan Mor angeboten. Neben einer Kollektion älterer Abfüllungen gibt es noch die Serie Cairdeas.

Quarter Cask

Die kleineren Fässer intensivieren den Reifeprozess. Karamell und Vanille vermischen sich mit süßlichem Torf und Rauch.

★ Alk.: 48 Vol.-% ★ Typ: Single Malt

18 Jahre

Weniger intensiv als der Quarter Cask, mit üppigem Mundgefühl und Noten von Toffee, Trockenfrüchten, Nüssen, Algen und Rauch.

★ Alk.: 48 Vol.-% ★ Typ: Single Malt

DIE INSELN

Streng genommen bilden die schottischen Inseln keine eigene Whiskyregion, sondern werden zu der Region Highlands gezählt. Die Bezeichnung wird aber allgemein benutzt, um die verstreute Whiskyproduktion auf den Inseln vor dem schottischen Festland zu beschreiben.

Wie in den anderen Teilen Schottlands gab es hier einst viel mehr Brennereien. Vor 200 Jahren bestanden allein auf der Isle of Arran rund 50 – legale und illegale – Destillerien. Die meisten Bauern nutzten überschüssige Gerste zur Whisky-Herstellung. Mit der Zeit sank die Zahl, sodass heute auf den schottischen Inseln nur noch sieben Destillerien in Betrieb sind, die ganz unterschiedliche Whiskys machen.

Die aktuelle Destillerie auf Arran wurde 1995 gegründet. Ihre köstlichen Whiskys sind seit Kurzem abfüllbereit und werden als malzig, voll und fruchtig, ohne Torf beschrieben. Doch man experimentiert auch mit Torf.

Auf Jura führt die Nähe zum Meer zu leicht salzigen, rauchigen Aromen im öligen, leicht getorften Whisky der einzigen Destillerie. Talisker auf der Isle of Skye nutzt für ihre Kreation The Lava of the Cuillins getorftes Malz. Dieser rauchige, beißende Whisky gleicht im Stil den Torfmonstern von Islays Südküste.

Mull hat ebenfalls nur eine Destillerie. Sie erzeugt den Tobermory, einen süß-schweren, leicht kräutrigen Whisky und eine stark getorfte Version namens Ledaig.

Mull hat ebenfalls nur eine Destillerie. Sie erzeugt den Tobermory, einen süßen, schweren, leicht kräutrigen Whisky.

Im Norden von Orkney produziert Highland Park Single Malts mit viel Honig, Malz, Heidekraut und Rauch, während der Whisky von Scapa durch Zitrus- und Kräuternoten geprägt ist.

Auf den Inseln entstehen immer noch neue Brennereien. Die Abhainn Dearg Distillery an der Westküste von Lewis beansprucht, die westlichste Schottlands zu sein. Sie wurde 2008 gegründet und hat 2010 den ersten Brand herausgegeben. Auf Barra, das zu den Äußeren Hebriden gehört, ist eine kleine Brennerei in Planung, die ihre eigene Gerste anbaut und ihren Strom mit Windrädern erzeugt.

Arran

Die Destillerie Arran ist die einzige auf der Insel Arran. Man findet sie im Norden der Insel bei der malerischen Ortschaft Lochranza. Trotz ihres abgelegenen Standorts empfängt sie rund 60 000 Besucher pro Jahr. Die Destillerie wurde 1993 gegründet, dem Jahr in dem Diageo die Brennereien Rosebank, Pittyvaich und Bladnoch schloss. In dieser Zeit eine Destillerie zu bauen, schien abwegig, durch den folgenden Whisky-Boom erwies sich die Entscheidung jedoch als kluge Investition. Die Produktion begann 1995, der erste Single Malt kam 1998 auf den Markt.

In den Folgejahren gab es verschiedene junge Whiskys, darunter einige Jahrgangsabfüllungen und rund ein Dutzend im Fass verfeinerte Varianten. Man nutzte Fässer, in denen zuvor Calvados, Cognac, Marsala und verschiedene prestigeträchtige Weine wie Château Margaux und Grand Crus aus der Champagne lagerten. 2006 präsentierte Arran seinen 10-jährigen Whisky, der von allen begeistert aufgenommen wurde, die während dieser Anfangsjahre die Entwicklung der Brennerei aufmerksam verfolgt hatten. Die Destillerie stellte weitere neue Whiskys vor und etablierte sich bald mit hochgelobten Malts in der Whisky-Szene. 2008 kam ein 12-jähriger Arran heraus, 2009 folgten einige getorfte Single-Cask- und weitere in Holz verfeinerte Versionen. Im Jahr 2010 wurde die getorfte 14 Jahre alte Abfüllung Machrie Moor sowie die interessante Kreation Rowan Tree präsentiert. 2012 kamen der Eagle, der seinen Namen vermutlich dem Steinadlerpärchen verdankt, das in der Nähe der Destillerie brütete, und der Devil's Punch Bowl auf den Markt. 2013 füllte Arran seinen bisher ältesten Whisky ab, einen 16-Jährigen. Anders als viele Insel-Malts pflegt Arran einen ungetorften Hausstil.

10 Jahre

Leichter, frischer und unkomplizierter Whisky, eine gute Alternative zu vielen Speyside-Whiskys. Durchgängig Anklänge von Vanille, Toffee und Zitrus.

⋆ Alk.: 46 Vol.-% ⋆ Typ: Single Malt

14 Jahre

In der Nase üppig und fruchtig, am Gaumen Vanille, Zitronenkuchen und Trockenfrüchte, würzig-nussiges Finish.

⋆ Alk.: 46 Vol.-% ⋆ Typ: Single Malt

Scapa

Auf den Orkneyinseln gibt es zwei Destillerien: Highland Park und Scapa. Scapa ist wohl die weniger bekannte, denn als sie 1885 gegründet wurde, bestand ihre Kollegin bereits seit fast 100 Jahren und man produzierte lange nur wenige Monate im Jahr. Die Modernisierung der Brennerei verhinderte 2004 die endgültige Schließung. Scapa pflegt einige Besonderheiten: Man befüllt nur Fässer aus amerikanischer Eiche und produziert einen komplett ungetorften Whisky. Und Scapa verwendet eine sogenannte Lomond Still, eine ungewöhnliche Brennblasenkonstruktion, von der heute nur noch zwei in Schottland in Betrieb sind. Weil gereifte Lagerbestände fehlen, gibt es neben einem teuren 22-Jährigen nur den 16-jährigen Malt als offizielle Abfüllung, der 2008 den 14-Jährigen ablöste.

16 Jahre

Frische Fruchtaromen vermischen sich mit würziger Eiche und Vanillepudding. Ein kraftvoller Whisky mit viel Gewicht im Mund und vollem Charakter.

★ Alk.: 40 Vol.-% ★ Typ: Single Malt

WHISKY-ZITATE

„Whisky, göttlicher Trank! Warum sollten Schwätzer uns langweilen mit dem Lobpreis von Wein, während Du vor uns stehst?"

– Joseph O'Leary

Highland Park

Die Destillerie Highland Park auf der Orkneyinsel Mainland ist die nördlichste Brennerei Schottlands. Sie wurde angeblich 1798 gegründet, erhielt aber erst 1826 eine Brennlizenz. Die drei Jahrzehnte davor wurde sie als Schwarzbrennerei von Magnus Eunson betrieben, der in jener Zeit als einer der berüchtigtsten Schmuggler der Orkneyinseln galt und offiziell als Kirchendiener arbeitete. Viele Erzählungen berichten über seine Eskapaden und Zusammenstöße mit Gesetz und Obrigkeit. Seinen schwarzgebrannten Whisky versteckte Magnus angeblich in der Kirche. In einer oft erzählten Episode verbarg er Whiskyfässer unter einem Sarg, über den ein weißes Tuch gedeckt war, um die Ermittler abzulenken. Mit der Erteilung der Lizenz endeten die Schmuggelaktivitäten. Die folgenden 100 Jahre konnte die Destillerie, bei einigem Auf und Ab, ihre Produktion stetig ausbauen.

Die wichtigste Veränderung kam 1937, als die Destillerie von Highland Distillers gekauft wurde, die heute zur Edrington Group gehören, der aktuellen Eigentümerin von Highland Park und weiterer Brennereien. Unter der Führung von Highland Distillers blühte die Destillerie auf und entwickelte sich in den 1970er-Jahren zu einer etablierten Marke für Single Malt. Die Marke gedieh über die Jahrzehnte, und heute ist Highland Park einer der weltweit bekanntesten Whiskys. Die Destillerie betreibt noch eine eigene Mälzerei und produziert vor Ort getorftes Malz. Zusätzlich bezieht man Malz vom Festland. Die beiden Malzarten werden gemischt für einen leicht getorften Brand. Wie The Macallan, Glenfarclas und Glengoyne schwört Highland Park auf Sherryfässer. Jährlich werden Millionen Pfund investiert, um gute Sherryfässer zu kaufen und so den Charakter des Whiskys zu bewahren.

Die Orkneyinseln blicken auf eine lange Geschichte zurück, mit neolithischen Siedlungen aus der Zeit um 3000 v. Chr. und einer starken Präsenz der Wikinger. Highland Park hat für sein Marketing entsprechende nordische Themen ausgewählt. 2012 kam die Serie Valhalla heraus, die bisher die beiden limitierten Abfüllungen Thor und Loki umfasst, zwei weitere sollen folgen. 2013 wurde die Serie Warrior präsentiert, mit sechs nach berühmten Wikingern benannten Whiskys: Svein, Einar, Harald, Sigurd, Ragnvald und Thorfinn. Das Hauptsortiment besteht aus 12, 15, 18, 21, 25, 30 und 40 Jahre alten Whiskys, ergänzt durch Sonder- und limitierte Abfüllungen.

Thor

Wuchtig mit Honigaroma und intensiv-würziger Frucht in der Nase, deutliche Gewürznoten und Frucht am Gaumen; Finish mit weichem Torf und Lakritze.

⭑ Alk.: 52,1 Vol.-% ⭑ Typ: Single Malt

12 Jahre

Vielseitiger Whisky und guter Einstieg in den getorften Stil. Anklänge von Heidekraut, Honig und zartem Torf; fruchtig-würzig mit zartem Rauch.

⭑ Alk.: 40 Vol.-% ⭑ Typ: Single Malt

18 Jahre

In der Nase weich und würzig am Gaumen Schokorosinen und süße Gewürze, im Finish sanfter Torf.

⭑ Alk.: 43 Vol.-% ⭑ Typ: Single Malt

Talisker

Die Destillerie Talisker auf der Insel Skye wurde 1830 von den Brüdern Hugh und Kenneth MacAskill gegründet. Skye, die größte Insel der Inneren Hebriden mit nur einer Brennerei, lockt mit ihrer beeindruckend schönen Natur jährlich tausende Touristen an. Wie die meisten traditionsreichen schottischen Destillerien hatte Talisker seit der Gründung mehrere Besitzer. Erst der Kauf durch die Scottish Malt Distillers (SMD) sorgte in den 1930er-Jahren für mehr Stabilität. Aus der Gruppe SMD entstand später der mächtige Getränkekonzern Diageo, zu dem Talisker zurzeit gehört. Die Produktion bei Talisker verlief weitgehend ungestört, bis 1960 ein schwerer Brand die Destillerie zerstörte. Es dauerte zwei Jahre, bis der Betrieb wieder anlaufen konnte, denn jedes Teil der Ausstattung wurde originalgetreu nachgebaut, um den traditionellen Geschmack nicht zu verändern.

Die Destillerie brennt in fünf Brennblasen aus vom Festland bezogenem Gerstenmalz einen Whisky im getorften Stil. Die Reifung erfolgt vorrangig in Bourbonfässern, daneben werden auch Sherry- und Portweinfässer eingesetzt. Die Marke rückte 1988 ins Rampenlicht, seit sie in der Serie Classic Malts vertreten ist. Das Sortiment von Talisker ist allerdings größer als das vieler Kollegen. 2013 kam eine Handvoll neuer Abfüllungen heraus. Das aktuelle Sortiment von Talisker besteht aus 10- und 18-jährigen Whiskys, Distillers Edition, 57° North, Storm, Darker Storm und Port Ruighe (in Portweinfässern veredelt), dazu 25 und 30 Jahre alte Abfüllungen. 2014 ist eine im Amorosofass veredelte Abfüllung von 2003 dazugekommen.

18 Jahre

Rauch, Orangenschale, Eiche und Algen in der Nase; weicher Torf, Toffee, Honig und Rauch am Gaumen und im Finish.

⋆ Alk.: 45,8 Vol.-% ⋆ Typ: Single Malt

Talisker Storm

Würzig-rauchig, Meergeruch mit Noten von süßem Torf und Honig, dazu etwas pikanter Pfeffer.

⋆ Alk.: 45,8 Vol.-% ⋆ Typ: Single Malt

Tobermory

Die Destillerie auf der Insel Mull vor der Westküste Schottlands hat ihren Sitz in dem gleichnamigen malerischen Städtchen Tobermory. Der Ort wurde Ende des 18. Jahrhunderts als Fischerhafen gegründet und begeistert die Besucher mit seinen bunt angestrichenen Häusern entlang der Uferstraße. Bekannt wurde das Inselstädtchen weit über Schottland hinaus durch die beliebte Kinderserie Balamory der BBC.

Die 1798 gegründete Destillerie ist eine der ältesten in Schottland. Seither erlebte die Brennerei mehrere Phasen der Schließung und verschiedene Besitzer. 1993 kaufte die Gesellschaft Burn Stewart Distillers (auch Eigentümer von Bunnahabhain) die Destillerie inklusive der Lagervorräte. Das Haus produziert zwei Typen Whisky: leicht und intensiv getorften. Bekannter ist die leicht getorfte Variante, die als Tobermory verkauft wird. Die stark getorfte Version kommt unter dem Namen Ledaig, auf Gälisch „sicherer Hafen", in den Handel. Momentan wird mit 750 000 Litern (200 000 Gallonen) pro Jahr die Kapazität nicht voll ausgeschöpft. Rund die Hälfte davon wird aus stark getorftem Malz von der Insel Islay gebrannt. Die Reifung erfolgt in amerikanischen Eichenfässern, aber auch einigen Sherryfässern, überwiegend in Lagerhäusern auf dem Festland. Das aktuelle Sortiment besteht aus 10 und 15 Jahre alten Tobermory und einem 10 Jahre alten Ledaig. 2013 kamen zwei exklusive Originalabfüllungen dazu: ein 19-jähriger Tobermory und ein 16-jähriger Ledaig, beide in Pedro-Ximénez-Fässern gereift. Und es gibt eine Sonderedition mit 40 Jahre altem Ledaig.

Ledaig, 10 Jahre

Süß und rauchig in der Nase leichte Torf- und Fruchtnoten am Gaumen, mit einem pfeffrig-würzigen, rauchigen Abgang.

⋆ Alk.: 46,3 Vol.-% ⋆ Typ: Single Malt

10 Jahre

In der Nase leicht und zitronig, dezente erdige Noten und Toffee am Gaumen und im Abgang.

⋆ Alk.: 46,3 Vol.-% ⋆ Typ: Single Malt

CAMPBELTOWN

Lange bevor Paul McCartney vom Mull of Kintyre sang, war die Halbinsel bekannt für ihren Whisky. Reichlich vorhandene Gerste, Torfvorkommen und eine abgeschiedene Lage begünstigten im 17. Jahrhundert die Whisky-Produktion rund um Campbeltown.

Im Jahr 1794 waren dort 32 Schwarzbrennereien aktiv, die nach dem Excise Act von 1823 einen legalen Status erhielten. Bald produzierte man in der Stadt 3,5 Millionen Liter (925 000 Gallonen) Alkohol pro Jahr. Nicht umsonst wurde sie als „Whisky-Hauptstadt der Welt" bekannt.

Spekulationen am Markt in Glasgow führten zu einer starken Nachfrage nach Whisky, doch die Brenner konnten diese nicht kurzfristig befriedigen. Folglich sank die Qualität, und ihr Whisky wurde manchmal als „stinkender Fisch" bezeichnet. Später musste Campbeltown erleben, dass seine schweren Whiskys aus der Mode kamen und die Blender zunehmend die feineren Malts aus Speyside bevorzugten. Die

Campbeltown-Whiskys zeichnen sich durch ausgeprägte Trockenheit, eine gewisse Schärfe, Rauchigkeit und Salzigkeit aus.

Prohibition in den USA bedeutete einen weiteren Tiefschlag.

Die meisten Destillerien mussten schließen, so sind heute nur noch Springbank, Glengyle und Glen Scotia aktiv, die sich selbst strenge Qualitätskontrollen verordneten. Campbeltown-Whiskys zeichnen sich durch ausgeprägte Trockenheit, eine gewisse Schärfe, Rauchigkeit und Salzigkeit aus. Nach Jahren im Abseits ist Campbeltown als Whiskyregion wieder voll im Rennen.

Glengyle

Die 1872 von William Mitchell gegründete Brennerei Glengyle war in den 1920er-Jahren von der Schließung bedroht. Die Gebäude wurden anderweitig genutzt – als Tankstelle. Im Jahr 2000 wurde die Destillerie von Mitchell's Glengyle Ltd. wiederaufgebaut und modernisiert. Der Leiter Hedley Wright entstammt der Gründerfamilie Mitchell und leitet ebenfalls die Destillerie Springbank. Die kleine Produktion – man arbeitet nur zwei Monate im Jahr – begann 2004. Erste Abfüllungen kamen nach der Mindestreifezeit von drei Jahren in den Handel. Weil bereits ein anderes Unternehmen den Namen Glengyle für einen seiner Blends verwendet, wählte die Destillerie den Namen Kilkerran fürs Etikett. 2013 wurden 30 000 Liter (7925 Gallonen) produziert, ein Bruchteil der möglichen Kapazität. Die momentan sechs seit 2007 verfügbaren Abfüllungen tragen die Bezeichnung „Work in Progress". Aktuell ist die 6th Release im Handel.

Kilkerran Work in Progress 5th Release

Üppig mit intensiven Aromen gekochter und getrockneter Früchte, präsentiert sich vielversprechend und sollte sich zu einem echten Schmuckstück entwickeln.

⋆ Alk.: 46 Vol.-% ⋆ Typ: Single Malt

Glen Scotia

Über acht Jahrzehnte gab es bei Glen Scotia eine im besten Fall sporadische Produktion. Die Destillerie hat viele Besitzerwechsel erduldet und entkam wundersamerweise der kompletten Schließung. Angeblich spukt in den Gebäuden Duncan MacCallum, einer der Besitzer. Duncan konnte die Brennerei 1924 zunächst vor der Schließung bewahren, doch nach schweren finanziellen Problemen ging das Unternehmen 1928 bankrott. Zwei Jahre später ertränkte sich Duncan im Crosshill Loch, der Wasserquelle der Brennerei. Heute sieht die Zukunft für Glen Scotia besser aus, und man hofft, in den kommenden Jahren aus dem Schatten von Springbank herauszutreten. Der aktuelle Besitzer Loch Lomond Distillers hat die Anlage modernisiert und Ende 2012 ein neues Sortiment mit 10, 12, 16, 18 und 21 Jahre alten Malts präsentiert.

Strawberry Ganache 1991, Wemyss Malts

Dieser Glen Scotia ist eine unabhängige Single-Cask-Abfüllung von Wemyss. Voll und körperreich, mit Noten von Erdbeeren und Kakao, dazu dezenter Rauch.

⋆ Alk.: 46 Vol.-% ⋆ Typ: Single Malt

KILKERRAN
GLENGYLE
DISTILLERY
SINGLE MALT

Springbank

Die 1828 gegründete Destillerie Springbank ist eine der wenigen verbliebenen unabhängigen Brennereien in Schottland, die heute noch in Familienbesitz sind. Sie hat ihren Sitz mitten in Campbeltown, nicht weit vom Hafen, wo einst tausende von Fässern in die USA verschifft wurden. In der Blütezeit gab es mehr als 30 Destillerien in Campbeltown, der „Whisky-Hauptstadt der Welt". Heute sind nur noch drei Brennereien in Campbeltown aktiv.

Springbank ist einzigartig unter den schottischen Destillerien, denn man hält die Produktion bewusst niedrig und verwendet dabei durchgängig traditionelle Verfahren. Sie gehört auch zu den wenigen Destillerien, die ihre Gerste vor Ort mälzen und zwar – anders als die übrigen – in vollem Umfang. Durch diese selbst auferlegten Beschränkungen liegt die Produktion von Springbank mit rund 100 000 Litern (26 500 Gallonen) pro Jahr deutlich unter der möglichen Kapazität. Es sind drei Brennblasen im Einsatz: eine Wash Still und zwei Spirit Stills. Die Wash Still wird direkt mit Öl beheizt, die Sprit Stills über Dampfschlangen. Wash Still und Spirit Still Nummer 2 benutzen Rohrkondensatoren, Spirit Still Nummer 1 ein Schneckenrohr.

Die Destillerie produziert mit jeweils eigenen Produktionsvarianten drei verschiedene Whiskys: Springbank, Longrow und Hazelburn. Springbank ist das Hauptprodukt und vertritt den Hausstil. Er ist leicht getorft und wird zweieinhalbfach destilliert. Longrow ist stark getorft und zweifach destilliert, Hazelburn dagegen ungetorft und dreifach destilliert. Die Reifung erfolgt in verschiedenen Fassarten, darunter Bourbon, Sherry und Wein. Als unabhängige Brennerei war Springbank sich selbst überlassen und entwickelte sich harmonischer als manche große Marken. Auch wenn die Nachfrage aktuell das Angebot weit übersteigt, rückt man von den bewährten Verfahren nicht ab. Diese Haltung unterscheidet Springbank radikal von größeren Destillerien und bietet Freunden traditioneller Malts eine perfekte Alternative zu intensiv vermarkteten Whiskys. Die Selbstbeschränkung und exzellente Whiskys sichern Springbank einen Kultstatus mit begeisterten Fans weltweit. Zum Sortiment gehören der Springbank mit 10, 15, 18 und 21 Jahren, ein 12-jähriger Cask Strength, Longrow ohne Altersangabe, Longrow Red und 18 Jahre und Hazelburn 18 Jahre. Außerdem findet man verschiedene limitierte und in Holz ausgebaute Versionen.

10 Jahre

Salzig und dick, mit schwerem Mundgefühl, Noten von Trockenfrüchten, Toffee, Schokoladenkeksen und sanftem Torf.

⋆ Alk.: 46 Vol.-% ⋆ Typ: Single Malt

Hazelburn, 12 Jahre

Intensiv und fruchtig, dabei im Körper leicht mit Aromen von Früchtebrot, Toffee und Schokorosinen.

⋆ Alk.: 46 Vol.-% ⋆ Typ: Single Malt

Longrow

In der Nase süß und rauchig, weiches, cremiges Mundgefühl, durchmischt mit Noten von Vanille, Eiche und Torf.

⋆ Alk.: 46 Vol.-% ⋆ Typ: Single Malt

Die teuersten Whiskys aller Zeiten

Whisky ist zum Trinken bestimmt, doch als knappes Gut ist er auch ein lohnendes Investment. Seltene Flaschen erzielen astronomische Summen, wie diese Liste zeigt:

1. Ein asiatischer Sammler stellte im Januar 2014 einen neuen Weltrekord für Whisky auf: Er zahlte 4,9 Millionen Hongkong-Dollar für eine 6-Liter-Karaffe The Macallan „M" Imperiale von Lalique.
2. Zuvor hielt The Macallan 1946 in einem Lalique-Cire-Perdu-Dekanter den Rekord. Er erzielte 280 000 Pfund bei einer Wohltätigkeitsauktion.
3. Vom Dalmore 64 Trinitas gibt es nur drei Flaschen. Eine davon wurde 2010 für 100 000 Pfund verkauft.
4. John Walker & Sons produzierten zum Thronjubiläum 2012 eine auf 60 Flaschen limitierte Edition des Diamond Jubilee Whisky zu jeweils 100 000 Pfund.
5. Ein Kenner aus Atlanta, Georgia, kaufte eine Flasche Glenfiddich Janet Sheed Roberts Reserve 1955 für 57 000 Pfund.
6. Eine der nur 40 Flaschen des The Macallan 1926 erzielte 2005 45 000 Pfund.
7. The Matheson, ein Blend aus vier Dalmore Single Malts, war einem Käufer 35 000 Pfund wert. Er trank ihn mit Freunden.
8. Vom Glenfiddich Rare Collection 1937 (64 Jahre) wurden nur 61 Flaschen abgefüllt. Auf einer Wohltätigkeitsauktion 2006 brachte eine davon 12 000 Pfund ein.
9. Der Balvenie Cask 191 von 1952 (50 Jahre) lieferte 250 Flaschen, von denen noch einige für rund 9000 Euro zu haben sind. Jede ist vom Master Distiller handsigniert.
10. Und nochmals The Macallan: ein 55-Jähriger in der Lalique-Karaffe kostet zwischen 7500 und 10000 Pfund.

BLENDED UND GRAIN WHISKYS

Trotz der seit den 1980er-Jahren wachsenden Beliebtheit von Malt Whisky hat Blended Whisky einen Marktanteil von über 90 Prozent. Die meisten der ganz großen und bekannten Whisky-Marken wie Johnnie Walker, Ballantine's, Famous Grouse und Chivas Regal sind Blends.

Blended Whisky wird aus Malt und Grain Whiskys verschnitten. Diesen Vorgang haben Pioniere wie Andrew Usher, Charles MacKinlay und William Robertson seit Mitte des 19. Jahrhunderts perfektioniert.

Gesetzesänderungen, die nun ein Mischen von Whisky zuließen, ermöglichten schmackhaftere Whiskys, die mehr Menschen gefielen als die damaligen Malts, die zum Teil scharf und scheußlich schmeckten. Durch das Blending erzielte man ausgewogenere Produkte. Die meisten der heute bekannten Blends stammen aus dieser Zeit: Bell's (1851), Buchanan's (1884), Dewar's White Label (1899), Famous Grouse (1896), Teacher's Highland Cream (1884), Grant's (1898) und Vat 69 (1882).

Es gibt keine Regel für den Anteil von Malt und Grain Whisky im jeweiligen Blend, dessen Zusammensetzung verständlicherweise ein gut gehütetes Geheimnis ist. Ein Blend kann 40 bis 50 verschiedene, von einem Master Blender geschickt ausgewählte Malts enthalten.

Grain Whisky, lange nur als billige Komponente in Blends genutzt, erlebte eine Wiederentdeckung.

Die zunehmende Beliebtheit von Malts in den letzten Jahren führte manchmal zu einer Abwendung vom Blended Whisky. Doch die Blends haben darauf mit höherwertigen Versionen der alten Favoriten reagiert, um auch prestigebewusstere Whisky-Trinker als Käufer zu halten. Zu den Beispielen zählen Johnnie Walker Platinum, Famous Grouse The Naked Grouse und Grant's 25 Jahre. Auch der Grain Whisky, lange nur als billige Komponente in Blends genutzt, erlebte eine Wiederentdeckung. William Grant & Sons präsentiert in seiner Serie Girvan Patent Still Single-Grain-Whiskys. Die 25 und 30 Jahre alten Versionen werden zum exklusiven Preis von 300 bzw. 470 Euro pro Flasche angeboten.

Ballantine's

Die Marke Ballantine's entstand 1910, ihre Wurzeln lassen sich aber bis zu George Ballantine zurückverfolgen, der ab 1827 in seinem Lebensmittel- und Spirituosenladen in Edinburgh Whisky verkaufte. 1865 eröffnete er ein zweites Geschäft in Glasgow. George holte seinen Sohn Archibald ins Unternehmen und übergab ihm den Laden in Edinburgh, er selbst führte das neue Geschäft in Glasgow. Etwa zu dieser Zeit begann George mit dem Blending und der Kreation seiner eigenen Whiskys.

Als die Umsätze stiegen, holte Ballantine auch seinen Sohn George Jr. ins Unternehmen. 1910 wurde die Marke Ballantine's geschaffen und man stieg in den Export ein. 1919 kauften die Unternehmer Jimmy Barclay und R. A. McKinlay die Marke und begannen, sie in den USA zu etablieren. Ballantine's wuchs stetig weiter und hatte in den 1920er-Jahren, anders als die Mitbewerber, auch zwei ältere Versionen im Angebot: einen 17 und einen 30 Jahre alten Blend. Auch im Bereich der Fassreifung war man innovativ und nutzte teilweise Fässer aus amerikanischer Weißeiche.

In den 1950er-Jahren hatte die Marke, nun im Besitz von Hiram Walker – Gooderham & Worts, großen Erfolg in den USA. Bald folgte Europa, und Mitte der 1980er-Jahre war sie die meistverkaufte Marke auf dem Kontinent. Heute ist Ballantine's im Besitz von Chivas und in fast allen Weltmärkten erfolgreich, speziell in Europa. Das aktuelle Sortiment umfasst den Finest, dazu 12, 17, 21, 30 und 40 Jahre alte Versionen. Kürzlich präsentierte man drei limitierte Abfüllungen, die mit ihrem jeweiligen Stil die dominierenden Malts aus den Brennereien Scapa, Miltonduff und Glenburgie herausstellen.

Finest

Der meistverkaufte Whisky des Sortiments und meist als Cocktail getrunken. Anklänge von Heidekraut, Honig, kandiertem Apfel und Eiche.

⋆ Alk.: 40 Vol.-% ⋆ Typ: Scotch Blend

17 Jahre

Weich und cremig, mit vollerem Mundgefühl. Intensive Gewürznoten mit Zitrus, Milchschokolade, Vanille und dezentem, erdigem Torf.

⋆ Alk.: 43 Vol.-% ⋆ Typ: Scotch Blend

Black Bottle

Im Jahr 1879 kreierten die drei Graham-Brüder ihren Blend Black Bottle. Der Whisky wurde in einer in Deutschland gefertigten, auffälligen schwarzen Glasflasche abgefüllt, mit der man sich optisch von der Konkurrenz abhob. Nach Kriegsausbruch 1914 war diese besondere Flasche aus Deutschland nicht mehr verfügbar, und der Whisky bekam die bis heute bekannte gedrungene, grüne Flasche. Doch 2013 entschieden sich die Eigentümer der Marke für eine Abkehr von diesem fast 100-jährigen Design, zurück zur ursprünglichen schwarzen Flasche. Bis zu diesem Relaunch verwies man darauf, dass im Black Bottle Whiskys aus allen Islay-Destillerien (ausgenommen Kilchoman) vertreten seien, was ihn rauchiger macht als die meisten Blends. Momentan gibt es nur diesen einen Whisky (auch in einer Magnumflasche).

Black Bottle

Süße, blumige Noten und zarter Rauch in der Nase; Frucht, Heidekraut und Honig am Gaumen, mit weichem, rauchigem Finish.

⭑ Alk.: 40 Vol.-% ⭑ Typ: Scotch Blend

Bailie Nicol Jarvie (BNJ)

BNJ gehört zu den von Whisky-Freunden am meisten gerühmten Blends, denn der hohe Malt-Anteil und der Einsatz von bestem Grain Whisky verleihen ihm mehr Komplexität als andere Blends dieser Preisklasse. Mit Glenmorangie als Blender besteht kein Zweifel, dass hier Erfahrung und hochwertige Whiskys zusammenkommen. Seinen Namen verdankt der Whisky einer bekannten Figur aus Walter Scotts populärem Roman *Rob Roy*. Der Whisky ist heute weit verbreitet, doch die Marke wird nicht intensiv gepflegt, weil die Eigentümer sich auf ihre Single Malts Glenmorangie und Ardbeg konzentrieren. Der BNJ ist ein gutes Beispiel dafür, dass man einen Whisky nie nach seinem Etikett beurteilen soll. Das Sortiment besteht aus diesem einzigen Whisky.

Blended Whisky

Zitronen- und Limettenbonbons, cremige Vanille und Eichenaromen zu gleichen Teilen münden in einen würzig-prickelnden Abgang.

⭑ Alk.: 40 Vol.-% ⭑ Typ: Scotch Blend

WHISKY-ZITATE

„90 Prozent der Zeit lasse ich es mir gut gehen, mit Frauen und irischem Whiskey. Die übrigen 10 Prozent werde ich vergeuden.“
– Tug McGraw

Chivas Regal

Die Geschichte von Chivas beginnt 1801, als William Edward in Aberdeen einen Lebensmittelladen mit Alkohollizenz eröffnet und sich bald als Lieferant von französischem Weinbrand, jamaikanischem Rum, Kaffee und Gewürzen an wohlhabende Kunden etabliert. 1838 begann James Chivas dort als Angestellter, später übernahm er zusammen mit Charles Stewart das Geschäft. 1857 wurde die Partnerschaft mit Stewart gelöst, und James gründete mit seinem Bruder John das Unternehmen Chivas Brothers. Das Geschäft florierte weiterhin. Nach Johns Tod holte James seinen Sohn Alexander ins Unternehmen. Da produzierte man bereits unter diversen Namen Blends. Alexander führte das Unternehmen bis zu seinem Tod 1893. Danach ging es an einen vormaligen Mitarbeiter: Alexander J. Smith.

Die Marke Chivas Regal wurde 1909 eingeführt und hatte schon bald großen Erfolg in den USA. Die Einführung der Prohibition 1920 bescherte auch dieser Firma einen herben Rückschlag. 1949 kaufte Seagram die Marke und vermarktete sie mit großen Investitionen in Werbung und Infrastruktur weltweit. Seagram erwarb die Destillerie Strathisla, die bis heute den Malt für den Chivas Blend liefert. In den 1950er-Jahren gab es einen höchst erfolgreichen Relaunch der Marke in den USA, Chivas wurde für viele Prominente, darunter Frank Sinatra, zum Whisky erster Wahl. Heute gehört die Destillerie Pernod Ricard; der Whisky steht in der Verkaufsrangliste hochwertiger Blends auf Rang 2 weltweit, in Südostasien und Europa sogar an erster Stelle. Angeboten werden 12, 18 und 25 Jahre alte Versionen.

12 Jahre

Ausgewogener, unkomplizierter Blend mit Anklängen von Honig, Obst, Vanille und warmen Gewürzen.

★ Alk.: 40 Vol.-% ★ Typ: Scotch Blend

18 Jahre

Getrocknete Früchte und Toffee in der Nase; dunkle Schokolade und Marmelade am Gaumen gehen in ein süßes, leicht rauchiges Finish über.

★ Alk.: 40 Vol.-% ★ Typ: Scotch Blend

Cutty Sark

Der Blend Cutty Sark wurde 1923 konzipiert und entwickelte sich zu einem der meistverkauften Whiskys in den USA und der Welt. Der Name stammt von dem berühmten Teeklipper Cutty Sark, der 1869 vom Stapel lief und damals das schnellste Schiff war. Nach der Außerdienststellung kam das Schiff in ein Trockendock in Greenwich, London. Es ist der einzige erhaltene Klipper und die höchst entwickelte Form schneller Handelssegler. Heute ist der Klipper eine Touristenattraktion mit tausenden Besuchern jährlich. Das Schiff verdankte seinen Namen einer jungen Hexe aus dem berühmten Gedicht *Tam o'Shanter* von Robert Burns, die ein „cutty sark", ein kurzes Hemd, trägt.

Der Blend war für die damalige Zeit revolutionär, denn Berry Bros. & Rudd entschieden sich für einen leichteren, auf den amerikanischen Markt zielenden Stil. Dieser helle Whisky mit seinen leichteren Aromen muss wie eine frische Brise die Whisky-Szene der 1920er-Jahre aufgewirbelt haben, als die meisten Blends dunkel und schwerer waren. Die Marke blieb bis 2010 im Besitz von Berry, dann kam sie wie schon Famous Grouse und Highland Park zur Edrington Group. Diese stand schon viele Jahre hinter der Produktion des Blends und war bestens geeignet, die gesunkenen Verkaufszahlen neu zu beleben. Zum Sortiment gehören die Standardabfüllung, Storm, Prohibition Edition, 15- und 18-Jährige und Tam o'Shanter (25 Jahre).

Cutty Sark

Perfekter Whisky für warme Klimazonen. Leicht, klar und frisch, mit Noten von Zitrus, Cornflakes, Vanille und Honig.

⋆ Alk.: 40 Vol.-% ⋆ Typ: Scotch Blend

Prohibition Edition

Deutlich ausdrucksstärker mit mehr Gewicht, Biss und Komplexität; Anklänge von Zitrus, Pfeffer, dunklem Karamell, Vanille und dunklem Müsliriegel.

⋆ Alk.: 50 Vol.-% ⋆ Typ: Scotch Blend

Dewar's

John Dewar, ein Wein- und Spirituosenhändler aus Perth, schuf 1846 seinen ersten Blend. Er ahnte nicht, dass diese Kreation einst der Grundstein eines Imperiums und einer der zehn meistverkauften Whiskys der Welt werden sollte. Nach seinem Tod übernahmen seine Söhne John Alexander und Tommy das Geschäft und begannen, die Marke zur heutigen Größe aufzubauen. Mit ihrem Einfallsreichtum machten sie Dewar's international bekannt und begannen, die Früchte dieser Whisky-Boomzeit zu ernten. 1898 bauten die Brüder die Destillerie Aberfeldy, die bis heute die Heimat des Dewar's Blend ist. Zum Kernsortiment gehören White Label, 12, 15 und 18 Jahre alte Versionen, und der Signature.

WHISKY-ZITATE

„Solange der Tod hinter jedem lauert, der nur einen Schluck tut, schlucke ich eben Whisky."

– W.C. Fields

White Label

In frühen Anzeigen als „der Whisky, der sich nie ändert" beschrieben. Mit Noten von Heidekraut und Eiche ausbalancierte Honigsüße.

⋆ Alk.: 40 Vol.-% ⋆ Typ: Scotch Blend

Haig Dimple

Die Familie Haig gehört zu den Urvätern der schottischen Whisky-Erzeugung. Robert Haig wird 1655 als Brenner erwähnt. 1824, fast 200 Jahre später, erbaute sein direkter Nachkomme John Haig die Destillerie Cameronbridge in den Lowlands. Die Brennerei produzierte als eine der ersten Grain Whisky mit einem der ersten von Johns Cousin Richard Stein erfundenen Säulendestillatoren. Dieser Brennblasentyp repräsentierte die modernste Destillationstechnologie und veränderte Ende des 19. Jahrhunderts die Whisky-Branche nachhaltig. Die Marke Dimple (in den USA als Pinch bekannt) entstand kurz nach dem Bau von Cameronbridge. Die auffällige Flasche sorgt für einen hohen Wiedererkennungswert.

Dimple, 15 Jahre

Süße, buttrige Nase mit Karamell, gekochten Birnen und Gewürzkuchen am Gaumen. Das Finish ist weich mit Spuren dunkler Schokolade.

⋆ Alk.: 40 Vol.-% ⋆ Typ: Scotch Blend

The Famous Grouse

Die Wurzeln von The Famous Grouse reichen bis in die 1820er-Jahre zurück, als die Familie Gloag ein Geschäft mit Alkohollizenz in Perth eröffnete. Zunächst konzentrierte man sich auf Wein. Nach dem Tod des Vaters 1860 verlagerte William Gloag mit Unterstützung seines Neffen Matthew seinen Fokus auf Whisky. 1896, ein Jahr nach Williams Tod, entstand die Marke Grouse, aus der 1905 Famous Grouse wurde. Der Zusatz „Famous" war eine Reaktion auf die wachsende Beliebtheit des Whiskys, speziell bei den Touristen jener Zeit, die hauptsächlich aus Jägern und Sportfischern bestanden.

Einer der Hauptunterschiede zwischen Famous Grouse und anderen Whiskys jener Zeit war die Marketingstrategie. Während die meisten Unternehmen mit dem amerikanischen Markt liebäugelten, konzentrierten sich die Gloags auf die Region und Schottland. Das Unternehmen blieb bis 1970 in Familienbesitz, bis es an Edrington verkauft wurde. Unter der neuen Führung wuchs die Marke schnell, wurde zum meistverkauften Whisky in Schottland und avancierte zu einem weltweiten Bestseller unter den Blends. Die Destillerie Glenturret – ebenfalls im Besitz von Edrington, spielt eine entscheidende Rolle und liefert einen wichtigen Malt für den Blend, weshalb man Glenturret auch Famous Grouse Experience nennt. Das aktuelle Sortiment besteht aus dem Standard Famous Grouse, Black Grouse (getorft), Snow Grouse (Grain Whisky) und Naked Grouse. Daneben findet man viele limitierte und Sonderabfüllungen.

The Famous Grouse

Hochwertiger und vielseitiger Blend mit Noten von Orangenschokolade, Zitrus, Karamell und Vanille.

⋆ Alk.: 40 Vol.-% ⋆ Typ: Scotch Blend

The Naked Grouse

Von Malt geprägter Blend, der in Sherryfässern reift. Unglaublich weich und cremig mit Anklängen von Trockenfrüchten, Traubensaft, Zimt und Eiche.

⋆ Alk.: 40 Vol.-% ⋆ Typ: Scotch Blend

Grant's

William Grant (*1839) stieg als Buchhalter ins Whisky-Business ein. Damals hat er sicher nicht geahnt, dass er einmal eine erfolgreiche Whisky-Marke begründen würde und sein Unternehmen noch fünf Generationen später in Familienbesitz ist. Zwanzig Jahre lang hat er sich ins Management hochgearbeitet und Erfahrungen gesammelt.

Weihnachten 1887 wurde in seiner eigenen Destillerie der erste Whisky produziert. Im Unternehmen standen ihm sieben Söhne und zwei Töchter zur Seite. Zusammen schufen sie einen der erfolgreichsten Blends der Welt.

1909 wurde Williams Schwiegersohn Charles Gordon einer der ersten Handelsvertreter des Unternehmens – zuständig für den Fernen Osten. John Grant versorgte die westliche Hemisphäre.

Die gebündelten Anstrengungen des Grant's Teams in dieser Anfangszeit bewirkten, dass ihr Whisky im frühen 20. Jahrhundert in vielen Ländern der Welt verfügbar war. 1957 schuf man mit der Einführung der von Hans Schleger entworfenen Dreiecksflasche ein optisches Unterscheidungsmerkmal zu den Mitbewerbern. Glenfiddich übernahm die Flasche später für die Single Malt Whiskys. Der Grant's Blend enthält Malt Whisky von Kininvie und Grain Whisky aus der unternehmenseigenen, riesigen Brennerei Girvan in Ayrshire. William Grant & Sons ist bis heute ein Familienunternehmen. Das Sortiment besteht aus Family Reserve, Ale Cask Finish, Sherry Cask Finish, 12, 18 und 25 Jahre alten Blends.

25 Jahre

Obstsalat und Kirsch-Trifle in der Nase, würzige Eiche und Bratapfel am Gaumen mit würzigem Holzfinish.

⋆ Alk.: 40 Vol.-% ⋆ Typ: Scotch Blend

Ale Cask Finish

Die Alefässer liefern eine interessante aromatische Nuance. Süß und gefällig, mit Noten grüner Früchte und von Crème brûlée.

⋆ Alk.: 40 Vol.-%
⋆ Typ: Scotch Blend

Wm GRANT & SONS LTD
Distillers.
Dufftown

Hankey Bannister

Beaumont Hankey und Hugh Bannister begannen 1757 als Wein- und Spirituosenhändler in London. Um 1800 produzierten sie ihren ersten eigenen Whisky, der dank der damaligen Veränderungen in der Alltagskultur (Queen Victoria begeisterte sich für alles Schottische) viel Zuspruch, speziell auch in der besseren Gesellschaft von London, fand. Heute gehört die nach wie vor beliebte und in über 40 Ländern angebotene Marke dem Konzern Inver House Distillers, der auch die Destillerien Old Pulteney, Knockdhu, Speyburn und Balmenach besitzt. Hankey Bannister war der bevorzugte Whisky vieler britischer Royals wie William IV.; König George V. machte die Firma zum Hoflieferanten. Auch Premierminister Winston Churchill genoss gern ein Gläschen davon. Das Sortiment bietet aktuell den Original, den Heritage sowie 12, 21, 25 und 40 Jahre alte Abfüllungen.

Regency, 12 Jahre

Leicht und etwas zurückhaltend in der Nase, Spuren von Karamell und schwarzem Pfeffer am Gaumen, rundes, fruchtiges Finish.

⋆ Alk.: 40 Vol.-% ⋆ Typ: Scotch Blend

Isle of Skye

Der Blend Isle of Skye wird von Ian Macleod Distillers produziert, denen die Destillerie Glengoyne gehört und die eines der größten unabhängigen Familienunternehmen in der Spirituosenbranche sind. Der Blend ist etwas markanter als die meisten, denn ein großer Teil des Malts ist getorft. Früher mag der Blend auch Whisky von Talisker (der einzigen Brennerei auf Skye) enthalten haben, heute ist das eher unwahrscheinlich. Der Blend zeigt noch immer einen ausgeprägten Charakter, passend für jene, die rauchigeren Whisky mögen. Das Sortiment beginnt mit einem 8-Jährigen, dessen Komponenten mindestens acht Jahre reifen konnten. Er hebt sich damit von anderen Blends dieser Preisklasse ab, die in den letzten Jahren auf eine Altersangabe verzichtet haben.

Isle of Skye, 8 Jahre

In der Nase Buttercreme und Rauch, am Gaumen voll mit reifer Frucht, Honigwabe und Torf, dann ein süß-würziges Finale.

⋆ Alk.: 40 Vol.-% ⋆ Typ: Scotch Blend

J&B

Die Geschichte dieses weltberühmten Blends begann 1749, als der verliebte Italiener Giacomo Justerini auf den Spuren der italienischen Opernsängerin Margherita Bellino nach London kam. Sein Werben konnte die junge Diva leider nicht erweichen, doch die Reise war nicht vergebens, denn Giacomo blieb in London und gründete das Unternehmen, das später (lange nach seinem Tod) einen der erfolgreichsten Blends herstellen sollte. 1830 kaufte Alfred Brooks die Firma und gab ihr den aktuellen Namen: Justerini & Brooks. Erst in den 1930er-Jahren wurde der J&B in der heute bekannten Form geschaffen. Dank intensiv gepflegter Beziehungen in die USA konnte der J&B nach der Aufhebung der Prohibition zunächst die Staaten und dann den Rest der Welt erobern.

J&B Rare

In der Nase leicht mit etwas Zitrus und Eiche, am Gaumen Toffee und Nussaromen, danach ein klarer, frischer Ausklang.

★ Alk.: 40 Vol.-% ★ Typ: Scotch Blend

Tweeddale

Der Tweeddale Blend wurde erstmals 1820 von dem Unternehmen J. & A. Davidson hergestellt. 1895 kam Richard Day als junger Bursche in die Firma und übernahm sie 1923, nachdem er dort in den Jahren zuvor die Kunst des Blending erlernt hatte. In der Zeit vor dem Zweiten Weltkrieg kam die Produktion des Tweeddale Blend zum Erliegen. Nach dem Krieg verkaufte Richard alle verbliebenen Fässer, und der Whisky verschwand. Dann erbte Alasdair Day, Richard Days Urenkel, dessen Kellerbuch mit der Rezeptur des vergessenen Blends. Alasdair rekonstruierte den Whisky und präsentierte 2010 die erste Abfüllung des Tweeddale nach mehr als 70 Jahren. Anders als andere Blends wird der Tweeddale in kleinen Chargen (Batches) aus jeweils nur wenigen Fässern produziert.

Batch Four

Noten von Toffee, Honig, tropischen Früchten, Kakao, sanftem Torf und Vanille verbinden sich zu einem komplexen Whisky.

★ Alk.: 46 Vol.-% ★ Typ: Scotch Blend

WHISKY-ZITATE

„Kein verheirateter Mann ist wirklich glücklich, wenn er einen schlechteren Whisky trinken muss als zuvor als Single."

– H. L. Mencken

Johnnie Walker

Johnnie Walker ist vielleicht die erfolgreichste Whisky-Marke aller Zeiten. Seit dem Zweiten Welt-krieg ist er weltweit der meistverkaufte Whisky. Seine Ursprünge lassen sich bis 1805 zurückverfolgen, als John (Johnnie) Walker auf der Todriggs Farm bei Kilmarnock geboren wurde. Als John 14 war, starb sein Vater und die Familienfarm wurde verkauft. Mit dem Erlös von 537 Pfund gründete John ein kleines Gemischtwarengeschäft in Kilmarnock. Das Geschäft entwickelte sich gut, und er verkaufte neben vielen anderen Waren auch Whisky.

1860 wurde in Schottland ein wichtiges Gesetz verabschiedet, das die Mischung von Malt und Grain Whiskys erlaubte und eine Revolution für den schottischen Whisky bedeutete. Zu diesem Zeitpunkt führte bereits Johns Sohn Alexander die Firma und begann, die neuen Möglichkeiten zu nutzen. 1877 ließ er den Namen Johnnie Walker schützen, der als Signatur von Walker's Old Highland Whisky bekannt war. Bereits 1860 hatte er die rechteckige Flasche eingeführt, die bis heute benutzt wird. Mit der Zeit expandierte die Marke und gewann an Beliebtheit. In den 1880er-Jahren war er der meistverkaufte Whisky in Sydney und wenige Jahre später auch in Südafrika. Mit der Nachfrage wuchs das Unternehmen. 1893 kaufte man die Destillerie Cardhu, um eine stetige Versorgung mit Malt Whisky sicherzustellen. Als Alexander 1889 starb, ging das Unternehmen an dessen Söhne Alexander II. und George Paterson über, die dritte Walker-Generation.

Die Söhne trieben die Expansion der Firma weiter voran und überarbeiteten 1909 das Sortiment mit der Einführung des Red und des Black Label. Im gleichen Jahr wurde das von Tom Browne entworfene Logo mit dem „Striding Man" eingeführt. 1925 schloss sich das Unternehmen mit anderen zur Distillers Company Ltd. (DCL) zusammen, aus der später der mächtige Getränkekonzern Diageo entstand, dem die Marke Johnnie Walker heute gehört. Nach dem Zusammenschluss expandierte die Marke weiter, wurde 1934 zum Hoflieferanten und erhielt 1966 den Queen's Award for Export Achievement. Zum Sortiment gehören heute der Red Label (der meistver-kaufte Whisky der Welt), Black Label, Double Label, Gold Label Reserve, Platinum Label und Blue Label. Außerdem findet man noch viele limitierte und Jubi-läumsabfüllungen sowie den nicht mehr produzierten Green Label.

Platinum Label, 18 Jahre

Jüngste Erweiterung des Sortiments. Noten von Rhabarberstreusel mit Vanillesauce, süßen Gewürzen, Milchschokolade und dezentem Rauch.

⭑ Alk.: 40 Vol.-% ⭑ Typ: Scotch Blend

Black Label, 12 Jahre

Einer der besten Blends. In der Nase Früchte und Gewürze, dazu Toffee und sanfter Rauch am Gaumen und im Abgang.

⭑ Alk.: 40 Vol.-% ⭑ Typ: Scotch Blend

Double Black

Enthält einen höheren Anteil getorfter Whiskys. In der Nase süßer Rauch, dann kandierter Apfel, Vanille, Torf und würzige Eiche.

⭑ Alk.: 40 Vol.-% ⭑ Typ: Scotch Blend

Vat 69

Der Blend Vat 69 verdankt seinen ungewöhnlichen Namen einem Experiment, das sein Schöpfer William Sanderson 1882 durchführte. Er wollte den besten Blend mischen und lud rund 100 Freunde ein, die als Jury 100 verschiedene Blends („Vattings") probieren sollten. Die Jury votierte für Vat 69 als besten Blend, und so war die Marke geboren. Ob die Geschichte stimmt oder nicht, der Blend war jedenfalls ein Erfolg und offensichtlich ein Favorit des Forschers Sir Ernest Shackleton, der 1914 einen Vorrat davon auf seine Imperial Trans-Antarctic Expedition mitnahm. Heute gehört die Marke zum Portfolio von Diageo und zielt vorrangig auf die Märkte Venezuela, Spanien und Argentinien.

Vat 69

Anklänge von Zitrus, etwas Eiche und Spuren von Obst und Vanille. Ein einfacher, meist zum Mixen benutzter Whisky.

⋆ Alk.: 40 Vol.-% ⋆ Typ: Scotch Blend

White Horse

Erste Hinweise auf White Horse stammen von 1880, als der Eigentümer Peter Jeffrey den Namen als Marke im Vereinigten Königreich registrieren ließ, möglicherweise wurde der White Horse aber schon früher produziert. Namensgeber war das berühmte White Horse Cellar Inn in Edinburgh. Anders als die Mehrheit der Blends besitzt der White Horse einen leichten Torfcharakter, der vom Lagavulin Malt stammt, seiner prägenden Komponente.

Wie viel von diesem legendären Islay Malt heute in dem Blend ist, ist nicht bekannt, doch er soll immer noch 40 Prozent Malt-Anteil haben, also deutlich mehr als andere. Den White Horse findet man in vielen Ländern, er war immer ein beliebter und preiswerter Blend. Es gibt eine Standard- und eine 12-jährige Version.

White Horse

Frische, grüne Früchte, Honig und Vanille verbinden sich mit Rauch, Torf und erdigen Aromen. Sehr gutes Preis-Leistungs-Verhältnis.

⋆ Alk.:40 Vol.-% ⋆ Typ: Scotch Blend

Whyte & Mackay

James Whyte und Charles Mackay stiegen in der zweiten Hälfte des 19. Jahrhunderts in den Whisky-Handel ein: bei Allan and Poynter, einem Großhandel für Textilien und später auch Spirituosen in Glasgow. Nach dem Tod des Eigentümers erwarben James und Charles die Firma und nannten sie Whyte & Mackay. Bald danach kauften sie ein Gebäude in Glasgow und begannen mit dem Blending und der Abfüllung ihres eigenen Whiskys. Bedingt durch Branchenkrisen und die Weltkriege hatte der Whyte & Mackay Whisky erst in den 1950er-/60er-Jahren wirklich Erfolg. 1960 kauften Whyte & Mackay die Destillerie Dalmore, 1973 folgte Fettercairn. Das Sortiment besteht aus dem Special, einem 13 und einem 30 Jahre alten Blend, Old Luxury und Supreme.

The Thirteen

Üppige Frucht und Gewürz in der Nase, am Gaumen weich und gehaltvoll mit Frucht und Honig, gefolgt von einem starken Finish.

⋆ Alk.: 40 Vol.-% ⋆ Typ: Scotch Blend

WHISKY-ZITATE

„Es gibt gar keinen schlechten Whisky, manche sind nur besser als andere."

– William Faulkner

Top 10 Blends

Obwohl Kritiker und Whisky-Kenner sich häufig auf Malt Whisky kaprizieren, macht doch Blended Whisky über 90 Prozent der Verkäufe aus. Viele Konsumenten bevorzugen einen guten Blend als den ausgewogeneren Drink, wofür die Verkaufszahlen sprechen. Blends sind typischerweise eine Mischung aus 60 Prozent Grain Whisky und 40 Prozent Malt Whisky. Die genaue Mischung bleibt das Geheimnis jedes Produzenten. Auch über die jeweils in einem Blend eingesetzten Whiskys kann man nur spekulieren. Ein Blend kann bis zu 50 verschiedene Malts enthalten, denn der Master Blender versucht ein perfektes und stimmiges Geschmacksprofil zu schaffen.

Die zehn meistverkauften Scotch-Whisky-Marken 2012 waren ausschließlich Blends:

1. Johnnie Walker – 19,7 Millionen Kisten (Diageo)
2. Ballantine's – 5,8 Millionen Kisten (Pernod Ricard)
3. Chivas Regal – 4,8 Millionen Kisten (Pernod Ricard)
4. J&B Rare – 4,6 Millionen Kisten (Diageo)
5. William Grant's – 4,5 Millionen Kisten (William Grant & Sons)
6. The Famous Grouse – 3,2 Millionen Kisten (Edrington)
7. Dewar's – 3 Millionen Kisten (Bacardi)
8. William Lawson's – 2,6 Millionen Kisten (Bacardi)
9. Label 5 – 2,5 Millionen Kisten (La Martiniquaise)
10. Bell's – 2,5 Millionen Kisten (Diageo)

(Quelle: The Drinks Business)

Big Peat

Big Peat kam im Herbst 2009 in die Regale der Spirituosengeschäfte und wurde bald ein Hit bei Whisky-Trinkern, die einen von Rauch und Torf geprägten Drink mögen und zudem ihr Lieblingsgetränk auch von der humorvollen Seite nehmen. Trotz seiner comichaften Aufmachung enthält der Big Peat sehr beeindruckende Whiskys, die ausschließlich aus Destillerien der Insel Islay stammen: Ardbeg, Caol Ila, Bowmore und Port Ellen (geschlossen seit 1983). Diese höchst interessante Kreation von Douglas Laing erregte Aufmerksamkeit in der Whisky-Szene. Wie bei allen Whiskys von Douglas Laing verzichtet man auf Farbstoffzusätze, weshalb die Farbe von Charge zu Charge leicht variiert. Viele Fachleute sehen das als Vorzug. Vom Big Peat gibt es auch eine Festtagsabfüllung in Fassstärke.

Big Peat

Wie zu erwarten, dominieren Torf und Rauch sowohl Nase, Gaumen als auch Finish. Zitrus, Spuren verschiedener Früchte und gesalzener Nüsse mischen sich darunter.

⋆ **Alk.: 46 Vol.-%** ⋆ **Typ: Blended Malt**

Blue Hanger

Der von Berry Bros. & Rudd kreierte Blend hat seinen Namen von einem ihrer treuen Kunden im späten 18. Jahrhundert. Der illustre und elegante William Hanger, 3. Baron Coleraine, bekam den Spitznamen „Blue Hanger", weil er bevorzugt blaue Kleidung trug. Der Whisky wird in kleinen Chargen mit jeweils nur wenigen tausend Flaschen produziert. Für jeden Ansatz werden nur wenige Fässer verwendet, normalerweise eine Mischung aus Bourbon- und Sherryfässern. Angeblich war der Blue Hanger beim britischen Militär besonders beliebt und wurde während der Weltkriege bevorzugt an britische Spione ausgegeben. Berry füllte über drei Jahrhunderte die Keller der britischen Aristokratie und erhielt zwei königliche Auszeichnungen.

9th Limited Release

Orangenschale, Vanille, Torf und sanfter Rauch, eingebunden in ein üppig-schweres Mundgefühl. Diese Ausgabe (Release) zeigt mehr Torf- und weniger Sherryeinfluss als andere Chargen.

⋆ **Alk.: 45,6 Vol.-%** ⋆ **Typ: Blended Malt**

Compass Box

Die Compass Box Whisky Company wurde im Jahr 2000 von dem Whisky-Macher John Glaser gegründet und produziert eine Kollektion ungewöhnlicher Blended Malts und Blends. John erlernte die Kunst des Blending in einem der größten Whisky-Häuser und nutzt diese Fähigkeiten seit dem Start von Compass Box für die Komposition einer Reihe innovativer und spezieller Whiskys. Oak Cross etwa wird aus drei Highland Single Malts gemacht, die teilweise in speziell angefertigten Fässern aus amerikanischer und französischer Eiche reiften.

Wie viele unabhängige Whisky-Firmen verwendet Compass Box weder Kühlfilterung noch Farbstoffzusätze. Das Sortiment umfasst drei Blended Malts, Oak Cross, Spice Tree und The Peat Monster, den Asyla, einen experimentellen Blend namens Great King Street und den Grain Whisky Hedonism.

Hedonism ist einer der wenigen Blended Grain Whiskys auf dem Markt. Zwischen acht und zehn Fässer werden vermählt, um dieses großartige Exemplar des Grain-Typs zu schaffen. Die für den Hedonism verwendeten Whiskys variieren in der Herkunft, stammen aber meist aus den Brennereien Cameronbridge, Carsebridge, Cambus, Port Dundas und Dumbarton. Hogshead-Fässer aus amerikanischer Eiche und Bourbonfässer werden für die Reifung verwendet und verwandeln das leichte Grain-Destillat in einen vollen, an Bourbon erinnernden Whisky. Andere Versionen des Hedonism sind der Hedonism Maximus, eine limitierte Abfüllung mit bis zu 42 Jahre alten Grain Whiskys, sowie Hedonism 10th Anniversary, ein 38 Jahre alter Invergordon (eine auf 120 Flaschen beschränkte Ausgabe zum 10-jährigen Firmenjubiläum).

Hedonism

Süße Vanille und buttriges Popcorn in der Nase, mit Toffee, Vanille und Kakao am Gaumen, gefolgt von einem klaren, würzigen Finish.

⭑ Alk.: 46 Vol.-% ⭑ Typ: Grain

Oak Cross

Aromen von würzigem Holz, Vanille und Zitrus in der Nase, am Gaumen Noten von Trockenfrüchten und Zimt, die sich zu einem süß-holzigen Finish steigern.

⭑ Alk.: 43 Vol.-%
⭑ Typ: Blended Malt

Mackinlay's

Als der britische Forscher Ernest Shackleton 1907 zur Nimrod-Expedition zum Südpol aufbrach, wurden neben anderen lebenswichtigen Dingen für die strapaziöse Reise auch 25 Kisten Mackinlay's Whisky an Bord gebracht. Das Team erreichte zwar nicht den Südpol, doch sorgte die Expedition für die vielleicht größte Whisky-Entdeckung unserer Zeit, als man 2007 drei Kisten Mackinlay's unter der Expeditionshütte fand. Der Whisky hatte dort ein ganzes Jahrhundert im Eis gelegen, war dort fast perfekt konserviert worden und eröffnete einen Blick auf den Whisky jener Zeit. Nach genauen Analysen bei Whyte & Mackay (Eigentümer von Mackinlay) wurde der Whisky rekonstruiert und 2011 neu herausgebracht. 2013 gab es noch eine zweite Auflage.

Shackleton Rare Old Highland Malt Journey Edition

Bratapfel mit Vanille und einer Spur Rauch in der Nase, danach Obstkompott und Orangenschale am Gaumen, am Ende eine subtile Torfnote.

⭑ Alk.: 47,3 Vol.-% ⭑ Typ: Blended Malt

Hochprozentiger Klanggenuss

Malt Whisky wird mit einer gehobenen Lebensart assoziiert, weshalb es wenig verwundert, dass die Destillerie Highland Park von den Orkneyinseln mit der Firma Linn kooperiert, die High-End-Musikgeräte produziert.

2013 feierte das schottische Unternehmen den 40. Geburtstag seines hochgelobten Plattenspielers und fand einen passenden, exklusiven Weg, dies zu zelebrieren: eine auf 40 Stück limitierte Serie aus dem Holz von Fässern von Highland Park.

Der Preis lag bei stolzen 25 000 Pfund, dazu gab es für 900 Pfund eine 40-jährige Spezialabfüllung Highland Park, um seine Lieblings-LP stilvoll genießen zu können. Die Zarge des legendären Sondek LP12, dem Gerät, mit dem Linn gestartet war, wurde aus Dauben der Eichenfässer gearbeitet, in denen zuvor der vielfach ausgezeichnete Highland Park Whisky reifte.

Beide Unternehmen stehen für schottische Erfolgsgeschichten und sind für ihre Detailverliebtheit sowie ihr Qualitätsbewusstsein bekannt. Linn entwickelt und baut mit die besten Hifi-Geräte der Welt, wobei jedes Bauteil in der Fabrik bei Glasgow selbst gefertigt wird. Highland Park genießt einen ähnlichen Ruf, denn dies ist eine der wenigen Destillerien, die ihr Gerstenmalz noch in Handarbeit herstellt.

Auch andere Whiskys taten sich für Marketingzwecke mit Luxusmarken zusammen. Die Brennerei Dalmore kooperierte in den letzten Jahren unter anderem mit Lutwyche (handgefertigte Schuhe), dem Fine Spirits Room von Harrods und dem Anbieter von Luxusimmobilien Finchatton. Der Käufer eines 20 Millionen Pfund teuren Penthouse-Apartments in Mayfair bekam eine exklusive Flasche Dalmore Vintage überreicht, von der es nur ein einziges Exemplar gibt.

Monkey Shoulder

Der von William Grant & Sons herausgebrachte Monkey Shoulder verwendet Malt Whiskys aus seinen drei Speyside-Destillerien: Glenfiddich, The Balvenie und der weniger bekannten Brennerei Kininvie. Kininvie ist nur schwer als Single Malt zu bekommen, denn die Destillerie wurde in den 1990er-Jahren gebaut, um Balvenie und Glenfiddich bei der Produktion von Malt für Grant's Blend zu unterstützen. Es gab nur ganz wenige Abfüllungen unter dem Namen Hazelwood, also kaum Möglichkeiten, ihn zu probieren. Der ungewöhnliche Name Monkey Shoulder bezieht sich auf die Schulterbeschwerden der Mälzer, die früher hunderte Tonnen Malz von Hand wendeten. Ihre Arme hingen oft wie bei Affen herab. Der Whisky wurde 2005 erstmals vorgestellt und half, den Blended Malt populär zu machen.

Monkey Shoulder

Banane und Vanillepudding in der Nase, dazu verschiedene Früchte und Drops am Gaumen, angenehmer Ausklang mit Vanille und Eiche.

⋆ Alk.:40 Vol.-% ⋆ Typ: Blended Malt

The Six Isles

The Six Isles wird aus Malts von sechs der sieben Whisky produzierenden schottischen Inseln komponiert. Malts aus Arran, Islay, Jura, Mull, Skye und Orkney werden in amerikanischer Eiche gereift und dann zu einem ausgewogenen und komplexen Whisky vermählt. Man muss kein Detektiv sein, um die Quellen zu identifizieren, denn zumindest auf Arran, Jura, Mull und Skye gibt es jeweils nur eine Brennerei. Eine Andeutung auf dem Etikett gibt einen Hinweis auf die beteiligte Brennerei auf Orkney, nur die Destillerie aus Islay bleibt ein Geheimnis. The Six Isles kommt aus dem Haus Ian Macleod Distillers, dem die Destillerie Glengoyne und verschiedene weitere Marken gehören, darunter der Blend Isle of Skye. 2010 kam eine limitierte Abfüllung von The Six Isles heraus, die in Pomerol-Fässern gereift wurde.

The Six Isles

Sanfter Rauch, Meeresgischt und Torf in der Nase, am Gaumen dann Aromen von Vanille, Frucht und Torf, gefolgt von einem kurzen, süßlichen Finish.

⋆ Alk.: 40 Vol.-% ⋆ Typ: Blended Malt

Cameron Brig

Die 1824 von John Haig gegründete Cameronbridge Distillery war die erste Brennerei in Schottland, die Grain Whisky brannte. Man benutzte eine der ersten Column Stills (Säulenbrennblasen), die Johns Cousin Richard Stein konstruiert hatte. Diese riesige Brennerei mit einer geschätzten Jahresproduktion von über 100 Millionen Litern (26,5 Millionen Gallonen) Branntwein lässt selbst die größten Malt-Destillerien winzig erscheinen. Sie gehört schon seit einiger Zeit dem Getränkegiganten Diageo und spielt eine wichtige Rolle im Konzern. Cameronbridge produziert unterschiedliche Spirituosen, unter anderem Smirnoff Wodka und Gordon's Gin. Der Cameron Brig ist der einzige Whisky im Sortiment. 1999 gab es eine 25 Jahre alte Sonderedition, um den 175. Jahrestag der Erteilung der Brennlizenz an John zu feiern. Man findet auch einige unabhängige Abfüllungen.

Cameron Brig

Leicht und unkompliziert mit subtilen Spuren von Honig, Vanille und Trockenfrüchten.

⋆ Alk.: 40 Vol.-% ⋆ Typ: Grain

Girvan

Die Destillerie Girvan wurde 1963 von William Grant & Sons erbaut. Mit einer Produktionskapazität von 107 Millionen Litern (28,3 Millionen Gallonen) pro Jahr ist sie eine gigantische Brennerei. Auf dem Firmengelände gibt es eine eigene Küferei und 42 Lagerhäuser, weitere 30 will man in den kommenden Jahren bauen. Bis 2013 konnte man den Girvan nur von unabhängigen Abfüllern bekommen. Ende 2013 präsentierte die Destillerie ein offizielles Sortiment mit einer Version ohne Altersangabe und einer 25- bzw. 30-jähren Abfüllung. Rund die Hälfte der Produktion von Girvan wird an andere Unternehmen verkauft, der Rest wandert vorrangig in den Grant's Blend. Fachgeschäfte führen zahlreiche unabhängige Abfüllungen. Diese hier beschriebene besondere Version stammt von Douglas Laing, einem der größeren unabhängigen Abfüller. Seine Grain Whiskys tragen den Namen Clan Denny.

The Clan Denny 1965, 46 Jahre

Üppig und süß in der Nase, am Gaumen Apfelstrudel mit Vanilleeis, gefolgt von einem süßen und würzigen Finish.

⋆ Alk.: 49,7 Vol.-% ⋆ Typ: Blended Malt

Invergordon

Die Brennerei Invergordon wurde 1959 am Ufer des Cromarty Firth nördlich von Inverness gegründet. Invergordon, nahe der Brennerei Dalmore gelegen, ist die einzige Grain-Destillerie in den schottischen Highlands. Erbaut wurde sie vom Unternehmen Invergordon Distillers Ltd., das 1965 auf dem Komplex zusätzlich die Brennerei Ben Wyvis einrichtete, um Whyte & Mackay mit Malt Whisky zu versorgen. Nach nur elf Jahren wurde Ben Wyvis geschlossen und 1977 abgerissen. Abfüllungen von Ben Wyvis sind kaum bekannt, extrem rar und bei Sammlern begehrt. Invergordon Distillers Ltd. wurde dann 1993 von Whyte & Mackay übernommen, in dessen Blends der Whisky bis heute fließt. Von Invergordon gibt es viele unabhängige Abfüllungen mit oft sehr gutem Preis-Leistungs-Verhältnis.

Berry Bros. & Rudd Invergordon 1988, Cask N° 8997

Weiche Eiche und Vanille in der Nase, am Gaumen dann Schokoladeneis und Honig; ein langer, buttriger Abgang.

★ Alk.: 46 Vol.-% ★ Typ: Grain

WHISKY-ZITATE

„Whisky ist bei weitem die beliebteste Medizin, die eine Erkältung nicht heilen kann."
– Jerry Vale

JAMESON
Triple Distilled
SPECIAL RESERVE
IRISH 12 WHISKEY
12
1780
ESTD 1757
BEGGAN
ITIONAL IRISH WHISKEY
ELAND'S FINEST WHISKEY
ED, MATURED & BOTTLED IN IRELAND
750 ML
KILBEGGAN CO DISTILLING 1757

IRLAND

Die Iren rühmen sich, als Erste Whiskey gebrannt und dieses Wissen dann mit den schottischen Nachbarn geteilt zu haben.

Wenn das stimmt, dann haben sie ihren Vorsprung nicht optimal genutzt, denn der schottische Whisky eroberte die Welt während die irische Variante sich viel schwerer tat. Das war bis vor Kurzem so. Irischer Whiskey ist unter den „Großen Vier" nach Scotch, Bourbon und Canadian der Kleinste, wächst aber von allen am schnellsten. Und er übertrifft im Wachstum sogar alle anderen Spirituosen weltweit.

Irischer Whiskey muss in Irland produziert worden sein. Im Gegensatz zum schottischen Whisky schreibt er sich „Whiskey" – mit „e". Typischerweise wird er aus ungetorftem Malz dreifachdestilliert, der Scotch nur zweifach. Wie Scotch muss der irische Whiskey mindestens drei Jahre im Holzfass reifen. Das Fehlen von Torfrauch in den meisten irischen Whiskeys und die Dreifachdestillation bescheren ihm eine besondere Weichheit und ein fruchtiges Profil.

Ein weiterer Unterschied liegt in der Verwendung von gemälzter und ungemälzter Geste beim irischen Brennverfahren. Wie bei den anderen Whiskys prägt im Wesentlichen das Fass den Geschmack, doch die Verwendung ungemälzter Gerste sorgt für einen eigenen Stil.

Angeblich war die Destillation in Irland bereits im 6. Jahrhundert bekannt. Auf jeden Fall wurde ab dem 16. Jahrhundert in Klöstern Whiskey für einen privilegierten Abnehmerkreis gebrannt. Elisabeth I., so wird berichtet, war vom irischen Whiskey ebenso angetan wie der russische Zar Peter der Große.

Ursprünglich war in Irland die Hausbrennerei üblich, bis die Verwaltung 1608 Brennlizenzen ausgab. Zu den ersten, die eine Lizenz erhielten, gehörte Sir Thomas Phillips, der Gouverneur des

County Antrim in der Region Bushmills. Auf dem Etikett von Old Bushmills Whiskey ist bis heute das Jahr 1608 vermerkt. Die Old Bushmills Distillery beansprucht, die älteste lizenzierte Brennerei der Welt zu sein.

Ende des 18. Jahrhunderts waren in Irland rund 2000 Brennvorrichtungen in Betrieb, die meisten illegal. Als der Historiker Alfred Barnard bei Recherchen für sein Buch *Die Whiskybrennereien des Vereinigten Königreichs* 1885 nach Irland kam, gab es nur 28 legale Brenner. Zu dieser Zeit galt irischer Whiskey jedenfalls als der beste der Welt. Die vier großen Dubliner Destillerien – John Jameson & Son, John

Power & Son, George Roe & Co. und William Jameson & Co. – brachten es zusammen auf 20 Millionen Liter pro Jahr. Dagegen waren die schottischen Brennereien mit zusammen durchschnittlich 380 000 Litern kleine Fische.

Doch die Zeiten sollten sich ändern. Das Patent-Still-Verfahren wurde zwar von dem Iren Aeneas Coffey perfektioniert, doch seine Landsleute hielten an ihren Pot Stills fest, während die Schotten das effizientere Verfahren begeistert aufgriffen. Es erwies sich als entscheidend für den wachsenden Erfolg von Blended Scotch. Die Ausrufung des Irischen Freistaats 1922 führte zu Handelsembargos, und die irischen Brenner verloren ihre Hauptmärkte in Britannien und dem Empire. Selbst große Unternehmen mussten ihre Produktion reduzieren. Die Old Midleton Distillery produzierte in den 1930er-Jahren nur zwei Wochen pro Jahr. Nach 1920 brach durch die Prohibition in den USA auch der wichtigste Exportmarkt weg – für viele kleine Brennereien das Aus. Die Aufhebung der Prohibition kam dann für viele der verbliebenen Betriebe so überraschend, dass es ihnen an Vorräten mangelte.

Jameson, Power und Cork konnten überleben, weil sie sich 1966 zur Irish Distillers Group zusammenschlossen. Man legte nach und nach die alten Standorte still und verlagerte die Produktion in einen neuen, modernen Betrieb in Midleton. Anfang der 1970er-Jahre kauften sie auch die Old Bushmills Distillery. An diesem Tiefpunkt lag die Produktion bei vielleicht weniger als 500 000 Kisten pro Jahr. Doch das Comeback stand bevor. 1987 wurde nach rund 100 Jahren wieder eine neue irische Destillerie gegründet: John Teeling baute die unabhängige Cooley Distillery in Riverstown bei Dundalk. Whiskeys

Typischerweise wird er aus ungetorftem Malz dreifachdestilliert, der Scotch nur zweifach.

wie Kilbeggan, Connemara und Tyrconnell ernteten viel Lob, und das Unternehmen wurde 2011 von Jim Beam gekauft.

Auch andere Akteure der Branche wie Diageo, William Grant und Illva Saronno erkannten das Potenzial für irischen Whiskey und investierten verstärkt in ihre Marken und das Marketing. Plötzlich war irischer Whiskey sexy. Das Ergebnis waren zwei Jahrzehnte stetigen Wachstums mit 6,5 Millionen verkauften Kisten im Jahr 2013. Man erwartet weitere Wachstumsraten von 20 Prozent pro Jahr, weshalb für die nächsten Jahre Investitionen von 400 Millionen Euro in neue Produktionsstätten geplant sind.

Doch nicht nur die Großen profitieren davon. Die Dingle Distillery eröffnete im Mai 2013 als handwerkliche Whiskey-Brennerei. Man plant, pro Tag zwei Fässer der beiden Whiskey-Sorten Dingle Gold und Dingle zu produzieren. Um Investoren zu finden, lockt man Whiskey-Liebhaber mit 500 speziellen Fässern, die 2018 reif sein werden und der Verleihung des Titels „Founding Father of Dingle".

Niche Drinks baut für 15 Millionen Pfund in Londonderry eine Destillerie für Whiskey und Likör. Die Stadt war früher der größte Whiskey-Produzent der Welt. Die Walsh Whiskey Distillery investiert 25 Millionen Pfund in den Ausbau der Produktionsanlagen für ihre Marken, zu denen The Irishman und Writers Tears gehören.

Bushmills

Die Destillerie Bushmills liegt im County Antrim in Nordirland, nicht weit vom berühmten Giant's Causeway entfernt. Die Brennerei wurde 1784 gegründet, womit Bushmills zu den ältesten Whisky-Destillerien der Welt gehört. Ein interessantes Detail: Der Ort, an dem die Destillerie erbaut wurde, erhielt bereits 1608 von König Jakob I. eine Lizenz zum Brennen von Whiskey. Heute ist Bushmills der am zweithäufigsten verkaufte irische Whiskey. Doch das war nicht immer so; wie andere Betriebe der Branche musste auch Bushmills viele Krisen überwinden. 1885 zerstörte ein Großbrand fast die gesamte Anlage. Nach dem zügigen Wiederaufbau und der Erholung wartete schon das nächste Unheil auf das Unternehmen.

Anfang des 20. Jahrhunderts begann dann der Niedergang der gesamten irischen Whiskey-Branche. Es waren verschiedene Ursachen, die dabei zusammenwirkten. Als die zwei wichtigsten Faktoren gelten der Irische Unabhängigkeitskrieg und die Prohibition in den USA. Damals mussten dutzende Brennereien schließen, hunderte irische Whiskey-Marken verschwanden vom Markt. Doch Bushmills überstand – wie Jameson, Midleton, Powers und einige andere Destillerien – diese schwierige Phase. Im Zweiten Weltkrieg musste Bushmills die Produktion einstellen, das wichtige Firmenarchiv in der Zentrale wurde bei einem deutschen Luftangriff zerstört.

Glücklicherweise hatten diese düsteren Tage dann ein Ende, und der irische Whiskey erlebte ein Revival. In den vergangenen Jahren hat Diageo kräftig in seine Destillerie investiert, und man verzeichnet weltweit ein kräftiges Wachstum. Anders als Midleton und Cooley, die anderen irischen Großbrennereien, produziert Bushmills nur Malt Whiskey, der in traditionellen Kupferbrennblasen dreifach destilliert wird. Bushmills besitzt keine Column Stills und kauft deshalb seinen Grain Whiskey für die Blends von Midleton. Das Sortiment besteht aus 10, 16 und 21 Jahre alten Single Malts und den beiden Blends Bushmills Original und Black Bush. Über die Jahre gab es viele limitierte Versionen und eine 12-jährige Spezialabfüllung, die nur Besucher vor Ort kaufen können.

10 Jahre

Leicht und fein, mit Noten von Honig, Nektarine und Bananenkuchen, durchzogen von einer süßen Cremigkeit.

★ Alk.: 40 Vol.-% ★ Typ: Single Malt

16 Jahre

Die Reifung in Bourbon-, Sherry- und Portweinfässern verleiht dem Whiskey mächtige, fruchtige Aromen, dazu Vanille und Honig, eingebunden in ein weiches, cremiges Mundgefühl.

★ Alk.: 40 Vol.-% ★ Typ: Single Malt

Bushmills 1608

Wurde 2008 zur Feier des 400. Jahrestags der Erteilung der Brennlizenz in Antrim durch König Jakob I. präsentiert. Prächtiger Whiskey mit Noten von Zitrus, Zimt und Ingwerkeksen.

★ Alk.: 46 Vol.-% ★ Typ: Single Malt

James Joyce und der Whiskey

Die Old Bushmills Distillery wurde 1784 gegründet, doch vermutlich begann man schon 100 Jahre zuvor an diesem Ort mit dem Alkoholbrennen. Als einer der ältesten Whiskeys Irlands taucht Bushmills wiederholt in Musik, Film und Literatur auf.

Filmcharaktere trinken Bushmills, etwa in *The Verdict – Die Wahrheit und nichts als die Wahrheit* von Sidney Lumet, im Biopic *The Doors* oder im Krimi *Verblendung*. Der Dichter Seamus Heaney erweist dem Whiskey in dem Gedicht *The Bookcase* seine Referenz. Auch in *Ulysses*, dem von James Joyce 1922 verfassten Meisterwerk der Moderne, kommt der Whiskey vor. Molly Bloom, die Frau der Hauptfigur Leopold Bloom, erwähnt ihn in einer verschachtelten Sequenz ohne Interpunktion im Schlusskapitel: „… und wenn ich dabei war hat er sich nie vergessen schickte mich unter irgendeinem dämlichen Vorwand aus dem Zimmer machte mir Komplimente aus denen der Bushmills Whiskey sprach aber das hätte er mit der nächstbesten Frau ebenfalls gemacht die daherkam wahrscheinlich ist er längst an galoppierender Trunksucht gestorben …"

John Joyce, James' Vater, war Anteilseigner und Geschäftsführer der Destillerie Phoenix Park in Dublin. Nach deren Schließung 1921 war er finanziell ruiniert.

Am 16. Juni feiert man *Ulysses* zu Ehren den Bloomsday in Dublin. Joyce-Verehrer kleiden sich in historische Kostüme, rezitieren aus dem Buch und spielen Szenen daraus nach – manch einer genehmigt sich auch ein Schlückchen Whiskey.

Connemara

Der Connemara kam 1996 als ganz neue Marke der Cooley Distillery in County Louth auf den Markt. Der einzige momentan verfügbare getorfte irische Whiskey hat viele vorgefasste Meinungen über irischen Whiskey revidiert. Über Jahre gab es in Irland nur zwei aktive Destillerien, Midleton und Bushmills. Beide produzierten ungetorfte Whiskeys und destillierten (und das bis heute) ihren Branntwein dreifach. Mit der Zeit entstand bei den Konsumenten weltweit der Eindruck, irischer Whiskey müsse genau so sein. Tatsächlich hatte man früher in Irland wie in Schottland viele getorfte Whiskey-Versionen gebrannt. Durch die Einführung billigerer, leichter verfügbarer Brennstoffe und die Besteuerung von gemälzter Gerste starb der getorfte Whiskey-Stil in Irland langsam aus.

Die 1987 gegründete Destillerie Cooley wurde mit ihren Marken Connemara, Tyrconnell und dem Blend Kilbeggan zu einem Meilenstein der irischen Whiskey-Szene. Das weckte das Interesse von Beam Global, unter anderem Eigentümer von Jim Beam, Laphroaig und Canadien Club. 2011 kaufte Beam Cooley für 95 Millionen US-Dollar. 2014 übernahm Suntory Jim Beam.

Das Sortiment von Connemara Peated besteht aus der Standardversion (ohne Altersangabe), Cask Strength, Turf Mor und einer 12-jährigen Version. Es gab einige limitierte und Single-Cask-Abfüllungen, darunter die exklusive Ausgabe Bog Oak, für die der Whiskey in Fässern aus 2000 Jahre altem Mooreichenholz gereift wurde.

Connemara

Süße, rauchige Nase, unterlegt mit Aromen von grünem Obst und von Zuckerwatte, dazu erdiger Torf und zarte Vanille.

⋆ Alk.: 40 Vol.-% ⋆ Typ: Single Malt

Connemara Cask Strength

Achtung, ein sehr intensiver Whiskey. Lagerfeuerrauch und grüne Kräuternoten in der Nase, am Gaumen teeriger Torf und Eiche, langes süß-rauchiges Finish.

⋆ Alk.: 57,9 Vol.-% ⋆ Typ: Single Malt

Green Spot

Der Green Spot Whiskey ist eine Schöpfung des in Dublin ansässigen Spirituosenhändlers Mitchells & Son. Das Handelshaus kaufte Fässer mit reinem Pot-Still-Whiskey in der alten Jameson Distillery in der Bow Street ein, ließ sie reifen und verkaufte sie als Blends dann im eigenen Geschäft. Diese inzwischen seltene Praxis war früher allgemein üblich: Viele Brennereien verkauften komplette Fässer an Händler, die den Whiskey unter einem Namen ihrer Wahl an ihre Kunden weiterverkauften. Heute verkauft Mitchells & Son immer noch Green Spot, allerdings erfolgen Destillation, Blending und Abfüllung in der Destillerie Midleton. Außerhalb Irlands ist Green Spot nicht einfach zu finden, wohl aber online. Das Sortiment besteht momentan aus Green Spot und dem 12 Jahre gereiften Yellow Spot.

Green Spot

Frisch, voll und würzig mit Aromen reifer Früchte und Vanille, dazu würzige Eiche und eine körnige Süße.

★ Alk.: 40 Vol.-% ★ Typ: Pure Pot Still

Kilbeggan

Die Destillerie Kilbeggan wurde 1757 im gleichnamigen Städtchen gegründet und ist die älteste Whiskey-Brennerei der Welt. Doch anders als Bushmills und Jameson überlebte Kilbeggan die Krise der irischen Whiskey-Branche nicht und war von 1957 bis 2007 geschlossen. Die Wiedereröffnung der Brennerei wurde von der Cooley Distillery vorangetrieben, die bereits einen Blend unter der alten Marke Kilbeggan verkaufte. Die Destillerie produziert verschiedene Whiskey-Stile, darunter Single Malt Whiskey und Pure Pot Still Whiskey (aus einem Gemisch von gemälzter und ungemälzter Gerste). Das aktuelle Sortiment von Kilbeggan bietet die Standardabfüllung, eine 18 Jahre alte Version und den Single Malt Distillery Reserve.

Kilbeggan

Süffiger und zugänglicher Blend mit Noten von Zitronenkuchen, Honig, Vanille und dezenter Eichenwürze.

★ Alk.: 40 Vol.-% ★ Typ: Blended Irish

WHISKY-ZITATE

„Die leichte Musik von Whiskey, der in ein Glas fließt – ein angenehmes Intermezzo."
– James Joyce

O'BRIENS
SON®
HISKEY
JAMESON®
IRISH WHISKEY

Jameson

Die Marke Jameson wurde 1780 von John Jameson gegründet, der seinen Whiskey in der Bow Street in Dublin brannte. Dank seiner hohen Qualität entwickelte sich der Whiskey bald zu einer bedeutenden Größe der Branche. 1820 war Jameson zum zweitgrößten Whiskey-Unternehmen Irlands aufgestiegen. Wie die gesamte irische Whiskey-Branche erlebte die Destillerie im folgenden Jahrhundert Höhen und Tiefen. 1966 entschlossen sich John Jameson & Sons, Powers & Sons sowie die Cork Distillery zu einem mutigen Schritt und bündelten ihre Kräfte in dem neugegründeten Unternehmen: Irish Distillers.

Diese Gesellschaft baute dann 1975 am Standort der alten Midleton Distillery im County Cork eine hochmoderne Brennerei. Hier liegt das neue Zuhause von Jameson und einem Dutzend weiterer Marken. Damit war nach fast 200 Jahren der Brennbetrieb am Ursprungsort in Dublin beendet. Heute feiert Jameson große Erfolge: Der meistverkaufte irische Whiskey gehört mit 48 Millionen Flaschen 2013 zu den 20 Whisky-Topsellern weltweit.

Jameson

Leichte florale Noten und Pfeffer in der Nase, am Gaumen und im Finish Sherry, Vanille und süße Würze.

⋆ Alk.: 40 Vol.-% ⋆ Typ: Blended Irish

12 Jahre, Special Reserve

Intensiver und voller als die Standardabfüllung, extrem angenehm zu trinken mit seinen durchgängigen Aromen von Honig, Vanille, Eiche und Sherry.

⋆ Alk.: 40 Vol.-% ⋆ Typ: Blended Irish

Midleton

Die neue Midleton Distillery wurde 1975 im County Cork – gleich neben der alten – im Zuge der Fusion von Jameson & Sons, Powers & Son sowie der Cork Distillery errichtet. Die Unternehmen hatten sich 1966 zu Irish Distillers zusammengeschlossen, um ihre Marken effizienter produzieren zu können – ein Rettungsversuch innerhalb einer zusammenbrechenden Branche. Die Destillerie ist eine technische Meisterleistung und kann all die vielen Spirituosenstile erzeugen, die für die Marken der unterschiedlichen, abgelösten Brennereien nötig sind. Midleton gilt schon lange als einer der besten irischen Whiskeys und wird in limitierter Menge mit Jahrgangsangabe auf den Markt gebracht – daher sein Name Midleton Very Rare. Gelegentlich gibt es Spezialabfüllungen.

Midleton Barry Crockett Legacy

Der Single Pot Still Whiskey trägt den Namen des Master Distillers. Noten von süßlichem Pfeifentabak, Honigwaben, Toffee und Zitrus.

⋆ Alk.: 46 Vol.-% ⋆ Typ: Pure Pot Still

Paddy

Dieser populäre irische Blend genießt in manchen Teilen der Welt Kultstatus, insgesamt ist er allerdings weniger bekannt als viele andere irische Whiskeys. Seinen Namen verdankt dieser Whiskey angeblich dem geselligen Vertreter und Handelsreisenden Patrick J. O'Flaherty, der für die Cork Distilleries tätig war. Paddy, wie er auch genannt wurde, soll – nach allem was man hört – ein freundlicher Zeitgenosse gewesen sein, der in den von ihm beruflich besuchten Firmen und Pubs gern eine Runde seines Lieblings-Whiskeys spendierte. Mit der Zeit wurde er zum Synonym für den Whiskey, den er verkaufte, und die Kunden orderten einfach eine Kiste „Paddy". 1912 wurde der Cork Distilleries Company Old Irish Whiskey schließlich zu Ehren des Verkaufsgenies in Paddy Irish Whiskey umbenannt.

WHISKY-ZITATE

„Mögen die Feinde Irlands niemals Brot essen noch Whiskey trinken, sondern stattdessen von Juckreiz gequält werden, ohne die Wohltat des Kratzens."

– Irischer Trinkspruch

Paddy

In der Nase frisch, mit leicht floraler Note und buttriger Süße, am Gaumen weich und cremig; ein würziges, trockenes Finish.

★ Alk.: 40 Vol.-% ★ Typ: Blended Irish

Powers

Die Marke Powers entstand 1791, als James Power eine Destillerie in der John's Lane in Dublin gründete. 1809 wurde daraus eine Kapitalgesellschaft, die unter John Power ein forsches Wachstum erlebte. John, kluger Geschäftsmann und angesehenes Mitglied der Dubliner Gesellschaft, wurde 1841 zum Baronet ernannt. Besonders bekannt ist der Whiskey durch die Marke Gold Label. Sie wurde 1886 eingeführt und wird aktuell zusammen mit Jameson und verschiedenen anderen in der Destillerie Midleton produziert. Powers soll mit dem 1920 vorgestellten Baby Powers die erste Miniaturabfüllung eines Whiskeys geschaffen haben. Das aktuelle Sortiment besteht aus Gold Label, Special Reserve (12 Jahre) und Powers John's Lane, einer Pure-Pot-Still-Version.

Powers John's Lane

Eines der besten Beispiele für den Pure-Pot-Still-Stil, sehr empfehlenswert. Üppig mit vollem Mundgefühl, Anklänge von Kakao, Toffee, Leder und getrockneten Steinfrüchten.

★ Alk.: 46 Vol.-% ★ Typ: Pure Pot Still

Tyrconnell

Der Tyrconnell wurde ursprünglich von der Familie Watt in deren Dubliner Destillerie produziert. Der Markenname ist eine Hommage an das berühmte Rennpferd Tyrconnell, das beim Rennen National Produce Stakes 1876 als Außenseiter (Quote 100:1) den Sieg holte. Das Pferd gehörte der Familie Watt, die ihm zu Ehren in jenem Jahr die Marke Tyrconnell einführte. In ihrer Blütezeit, vor der Einführung der Prohibition, feierte die Marke Verkaufserfolge in den USA. Während der großen Whiskey-Krise in den 1920er-Jahren musste die Watt Distillery schließen, und mit ihr verschwand der Tyrconnell.

Die Marke schlummerte mit hunderten anderen irischen Whiskey-Marken im Verborgenen, bis 1988 die Destillerie Cooley im County Louth gebaut wurde und Tyrconnell kaufte. Dies war ein Wendepunkt für die irische Whiskey-Branche und läutete das sehnlichst erwartete Revival ein. Nach der Fertigstellung war Cooley die dritte Whiskey-Brennerei in Irland. Tyrconnell wird in traditionellen Pot Stills zu 100 Prozent aus Gerstenmalz gebrannt – einer der seltenen irischen Single Malts. Im Gegensatz zu Bushmills und anderen bekannten irischen Marken wird er nur zweimal destilliert. Seit der Wiedereinführung von Tyrconnell konnte die Marke weltweit verschiedene Auszeichnungen bei Spirituosenwettbewerben gewinnen und so an ihren einstigen Ruhm anknüpfen. Das Sortiment besteht nur aus der Standardabfüllung (ohne Altersangabe), doch über die Jahre gab es viele Sonderabfüllungen, wie 10-jährige Versionen, die in Portwein-, Sherry- oder Madeirafässern veredelt wurden.

Tyrconnell

Süß und süffig, mit cremig-weichem Mundgefühl und feinen Noten von Zitrus, Honig und Vanille.

⋆ Alk.: 40 Vol.-% ⋆ Typ: Single Malt

Port Cask, 10 Jahre

Intensive, marmeladige Frucht, Anklänge von Eiche verbinden sich mit Honig, Vanille und süßen Gewürzen.

⋆ Alk.: 46 Vol.-% ⋆ Typ: Single Malt

Redbreast

Der Redbreast ist in der John Jameson & Son Distillery in Dublin beheimatet, wo man die Marke 1939 für den Pure Pot Still Whiskey einführte, den Jameson an andere Blender und Abfüller lieferte. Heute wird der Whiskey in der Brennerei Midleton produziert und ist eine Premiummarke des Pure-Pot-Still-Stils. Nur in Irland werden vor der Destillation gemälzte und ungemälzte Gerste vermischt. Nach allgemeiner Überzeugung verfiel man darauf, um die auf Gerstenmalz erhobenen Steuern zu vermeiden. Der Redbreast hat eine große Fangemeinde, die diesen fast vergessen Whiskey-Stil wiederbelebte. Das Kernsortiment bietet Redbreast als 12, 15 und 21 Jahre alte Abfüllung und 12 Jahre alten Cask Strength an.

Redbreast, 12 Jahre

Voller, komplexer Whiskey im cremig-weichen Stil mit Noten von Trockenfrüchten, Nüssen, Bananenkuchen und würziger Eiche.

★ Alk.: 40 Vol.-% ★ Typ: Pure Pot Still

Tullamore D.E.W.

Der Brenner Michael Molloy produzierte in seiner Tullamore Distillery im County Offaly ab 1829 Whiskey. 1857 ging die Destillerie an seinen Neffen Bernard Daly. 1862 begann der junge Daniel E. Williams dort als Mitarbeiter auf dem Malzboden. Er arbeitete sich in der Firma nach oben und wurde 1873 zum Direktor und später neben der Familie Daly Anteilseigner. Daniel E. Williams werden die Einführung der erfolgreichen Marke Tullamore und die Expansion der Firma zugeschrieben, weshalb man seine Initialen D.E.W. an den Markennamen fügte. Seit den 1970er-Jahren wird der Whiskey in Midleton produziert. 2013 kündigten William Grant & Sons, die jetzigen Eigentümer, den Wiederaufbau der Brennerei im County Offaly an, wo sich ohnehin das Besucherzentrum befindet.

Tullamore D.E.W.

Grünes Obst und Zitrusnoten in der Nase, dazu weiches Eichenaroma, Vanille und Marzipan am Gaumen und im Finish.

★ Alk.: 40 Vol.-% ★ Typ: Blended Irish

WHISKY-ZITATE

„Ohne meine Mutter wäre ich nicht hier. Ich weiß, dass ich irisches Blut habe, denn ich wache jeden Tag mit einem Kater auf."

– Noel Gallagher

JIM BEAM
Crown Royal®
RESERVE
BLENDED CANADIAN WHISKY
Each barrel of Crown Royal® has a unique character. I handpick and nurture the best barrels to create Crown Royal® Reserve.
750 mL · 40% ALC BY VOL (80 PROOF)
M BEAM
EVIL'S
UT
90
PRO⅁F
TUCKY STRAIGHT
URBON WHISKEY
750 ML 45% ALC./VOL

NORDAMERIKA

Am 80. Jahrestag des Endes der Prohibition 2013 erhoben die amerikanischen Destillateure ihr Glas auf den Whiskey.

Der Konsum von Straight Whiskey, also von Bourbon, Rye-, Corn- und Tennessee-Whiskey, stieg 2012 in den USA um 5,2 Prozent, und das Wachstum scheint ungebrochen. Der wiedererwachte Durst auf diese Spirituosen ist so groß, dass manche in der Branche befürchten, mit der Nachfrage nicht mithalten zu können.

Es gibt mehrere Gründe für diese positive Entwicklung beim amerikanischen Whiskey. Einige Kommentatoren verweisen auf den Retro-Appeal von TV-Serien wie *Mad Men*, wo die Akteure gerne mal ein Glas Hochprozentigen trinken, entgegen dem modernen Gesundheits-Hype in den USA. Andere verweisen auf die „unverfälschte" Qualität von Whiskey, als Drink mit Geschichte und ohne chemische Zusätze – ein willkommener Aspekt für Werbeslogans.

Das Gesetz schreibt vor, dass amerikanischer Straight Whiskey aus vergorener Getreidemaische als Branntwein mit maximal 80 Vol.-% destilliert wird. Dann muss er mindestens zwei Jahre in Eichenfässern reifen. Nur Filtrierung und Verdünnen mit Wasser vor der Abfüllung sind erlaubt.

Die Spirituose wurde nicht immer mit dieser Strenge und Sorgfalt produziert. Der amerikanische Whiskey war zunächst ein rauer, ungereifter Branntwein für die Siedler. Es dauerte viele Jahre, bis sich daraus die unverwechselbaren Bourbons, Rye- und Tennessee-Whiskeys von heute entwickelten.

In den ersten Jahren der Besiedelung durch Europäer musste der Branntwein noch aus der Heimat importiert werden. Das war teuer und zeitaufwendig, sodass die Amerikaner bald eigene Spirituosen produzierten. Recht früh verwendete man Roggen anstelle von Gerste, die auf dem Neuen Kontinent nicht so gut wuchs. Später kam der einheimische Mais dazu. Bis Mitte des 18. Jahrhunderts wurde Whiskey in relativ kleinen Mengen vorzugsweise von Farmbrennereien erzeugt, denn so konnte überschüssiges Getreide optimal genutzt werden, bevor es verdarb. Das flüssige Produkt ließ sich einfacher transportieren und lagern. In ländlichen Gemeinschaften galt Whiskey auch als Tauschmittel. Als US-Präsident George Washington ein besonderes Interesse für Whiskey zeigte, gewann das Getränk auch an Prestige.

Er regte den Bau öffentlicher Destillerien zur Versorgung des Militärs an und brannte – auf Initiative seines schottischen Farmmanagers James Anderson hin – selbst Roggen-Whiskey.

In Kentucky schufen die Brenner den Bourbon, den manche als die einzige authentische Spirituose Amerikas ansehen. Die erste kommerzielle Destillerie wurde 1783 von Evan Williams gegründet, aber manche sehen in Elijah Craigs Entscheidung, Mais-Whiskey in ausgekohlten Fässern zu reifen, die eigentliche Geburtsstunde des Bourbon.

Das benachbarte Tennessee ging seinen eigenen Weg, wo Alfred Eaton 1825 den Lincoln County Process erfand. Bei diesem Filtrationssystem sickert der Whiskey durch meterdick aufgeschichtete Ahornholzkohle, was bei Whiskeys wie Jack Daniel's für den besonders weichen Geschmack sorgt.

In den folgenden 100 Jahren konnten beide Whiskeys nebeneinander auf dem Markt bestehen, die Branche wuchs und verbesserte die Produktionstechniken. Gleichzeitig erstarkte die Abstinenzlerbewegung, was schließlich zur Prohibition führte. Von 1920 bis 1933 waren in den USA Bierbrauen und Schnapsbrennen verboten. Neben Schwarzbrennerei und Whiskey-Schmuggel gab es allerdings noch eine Whiskey-Produktion für „medizinische" Zwecke. Die Regierung wollte dafür zehn Lizenzen vergeben, doch nur sechs wurden beantragt: von Stitzel, Glenmore,

In Kentucky schufen die Brenner den Bourbon, den manche als die einzige authentische Spirituose Amerikas ansehen.

Schenley, Brown-Forman, National Distillers und Frankfort Distilleries.

Als die Prohibition endete, konnte im Prinzip die Wiederbelebung beginnen. Allerdings traf die amerikanische Whiskey-Industrie sofort auf eine starke Konkurrenz, denn Canadian und Scotch Whisky hatten bereits Fuß gefasst, außerdem klare Schnäpse wie Gin. Langsam begann das Comeback, unterstützt durch geschicktes Marketing und das Qualitätsbewusstsein von Marken wie Jack Daniel's, Maker's Mark, Jim Beam und Wild Turkey. Amerika war nun nicht mehr nur Importeur, sondern präsentierte eigene Marken.

Whisky-Guru Jim Murray, Autor des Bestsellers *Jim Murray's Whisky Bible*, lobte das Können der amerikanischen Whiskey-Macher und erklärte, der Bourbon sei am Scotch vorbeigezogen. Der beste Whiskey käme nun aus Kentucky mit Buffalo Trace als „vielleicht bester Destillerie der Welt".

Im Norden Amerikas erfährt auch der kanadische Whisky (ohne „e") eine positive Neubewertung. Der charakteristische Roggen-Whisky enthält oft gar nicht so viel Roggen: Die kanadischen Brenner setzten ihn traditionell eher sparsam ein, um würzige, florale und säuerliche Aromen zu erzielen.

Neue, kleinere Marken haben Erfolg bei Kritikern, Barkeepern und Whisky-Conaisseuren. Spezialabfüllungen und handwerkliche Destillateure haben der Branche neue Impulse gegeben. Wie ihre amerikanischen Nachbarn hoffen die Kanadier darauf, dass sich die Konsumenten hochwertigeren Marken zuwenden, die mehr Prestige und höhere Gewinne versprechen.

KENTUCKY

Kentucky ist bekannt als Heimat des Bourbon-Whiskeys und liefert 95 Prozent der Gesamtproduktion. Ein Bourbon muss nicht zwingend aus Kentucky kommen, aber die großen Marken wie Jim Beam, Maker's Mark, Wild Turkey und Four Roses kommen alle aus dem Bundesstaat des Bluegrass.

Man sagt: Jeder Bourbon ist Whiskey, aber nicht jeder Whiskey ist Bourbon. Ein Straight Bourbon muss in den USA aus mindestens 51 Prozent Mais destilliert werden und in neuen, gekohlten Eichenfässern mindestens zwei Jahre reifen. Vor der Abfüllung darf nur Wasser zugefügt werden.

Die Bourbon-Produktion begann in Virginia, bevor Kentucky 1792 ein eigenständiger Bundesstaat wurde. Der Maisanbau in Virginia wurde durch die Verfügung „Corn patch and cabin rights" gefördert, die den Siedlern dafür kostenlos Land überließen. Corn, also Mais, war einfach anzubauen und ergab einen leichteren Whiskey-Stil als der Rye Whiskey aus dem Osten. Und der Branntwein ließ sich einfacher vermarkten als das eigentliche Getreide.

Viele der heute mit Bourbon assoziierten Marken wurden Ende des 18. Jahrhunderts gegründet: Jacob Beam (Jim Beam) baute 1788 seine erste Brennerei, Robert Samuels (Maker's Mark) kam 1780 und Elijah

Kentucky ist bekannt als Heimat des Bourbon-Whiskeys und liefert 95 Prozent der Gesamtproduktion.

Pepper (James E. Pepper und Old Crow) siedelte sich 1776 in Old Pepper Springs, Kentucky, an.

Der Name „Bourbon“ leitet sich vom Bourbon County ab, das als Herkunftsbezeichnung auf den Fässern stand. Die Bedeutung des Bourbon in der Geschichte der USA wurde 1964 vom Kongress offiziell anerkannt, als man ihn zu einem charakteristischen Erzeugnis der USA erklärte. In den letzten Jahren stiegen Nachfrage und Produktion, laut der Kentucky Distillers' Association von 1999 bis 2012 um mehr als 120 Prozent auf über 120 Millionen Liter. Vom Erfolg angelockt, kauften ausländische Konzerne die meisten großen Produzenten auf: Jim Beam und Maker's Mark gehören heute zu Suntory, Four Roses zu Kirin Brewery Company und Wild Turkey zu Campari.

Obwohl der Bourbon in seiner Heimat Kentucky den Markt dominiert, wird hier auch Rye Whiskey erzeugt, wie Sazerac Rye von Buffalo Trace und Knob Creek Straight Rye. Nur für Mint Julep eignet er sich nicht.

Blanton's

Blanton's war der erste Single Barrel Bourbon auf dem Markt und wurde von Elmer T. Lee etabliert, der bis zu seinem Ruhestand viele Jahre Master Distiller bei Buffalo Trace (gehört zu Sazerac) war. Anders als bei den meisten Bourbons, wo man viele Fässer verschneidet, um über Jahre einen ähnlichen Geschmack zu gewährleisten, wird bei der Single-Barrel-Version ein besonders gutes Einzelfass abgefüllt. Der Whiskey verdankt seinen Namen Colonel Albert B. Blanton, der in seiner 55-jährigen Tätigkeit in der Destillerie gelegentlich ein besonderes Fass für die Familie und einige seiner Freunde auswählte. Der Blanton's wurde erstmals 1984 vorgestellt, hat sich inzwischen als feste Größe etabliert und zweifellos das Ansehen von Bourbon insgesamt befördert.

Special Reserve

Würzig-süße Frucht, Buttergebäck und Karamell in der Nase, dazu Orangenschokolade und Toffee am Gaumen und im Finish.

⋆ Alk.: 40 Vol.-% ⋆ Typ: Bourbon

Buffalo Trace

Aus der Destillerie Buffalo Trace kommen viele bekannte, heute auf der ganzen Welt verbreitete Bourbons. Benannt ist die Brennerei nach den „Buffalo Traces", den Wanderrouten der riesigen Bisonherden. Diesen Routen folgten auch die Siedler auf ihrer Suche nach fruchtbarem Land und neuen Lebensräumen in einer damals unwirtlichen und noch unbekannten Welt. Laut Überlieferung wurde an diesem Standort zwar bereits sehr früh Schnaps gebrannt, doch die heute bestehende Destillerie wurde erst 1857 errichtet. Buffalo Trace gilt als eine der ältesten Brennereien der USA. Die Marke Buffalo Trace entstand 1999, als die zuvor unter der Bezeichnung George T. Stagg bekannte Destillerie in Buffalo Trace umbenannt wurde.

Buffalo Trace

Würzig und süß in der Nase, kandierter Apfel und Vanilletoffee am Gaumen, dann ein süß-würziges Finish.

⋆ Alk.: 40 Vol.-% ⋆ Typ: Bourbon

Bulleit

Der Bourbon Bulleit wurde in den 1830er-Jahren von Augustus Bulleit kreiert, einem Gastwirt in Louisville. Auf der Suche nach einem einzigartigen Bourbon hatte er verschiedene Maischerezepte (Mash Bills) ausprobiert und einen Ansatz mit hohem Roggenanteil ausgewählt. Nach dem Aufbau eines erfolgreichen Unternehmens verschwand Augustus unter mysteriösen Umständen – und mit ihm sein Bourbon. Erst 1987 wurde der Whiskey durch Tom Bulleit, seinen Ururenkel, wieder zum Leben erweckt. Tom kündigte seine Stelle als erfolgreicher Anwalt, um sich seinem Ziel zu widmen: der Wiederherstellung der Marke in alter Größe. Der Whiskey wird nach dem Originalrezept produziert und ist heute weltweit erhältlich. Zum Sortiment gehören der Bulleit Bourbon, ein Rye und ein 10 Jahre alter Bourbon.

Bulleit Bourbon

In der Nase Toffee und Eiche, am Gaumen dann Aromen von Zimt, Apfelmost und Donuts, im Ausklang Vanille.

⋆ Alk.: 45 Vol.-% ⋆ Typ: Bourbon

Eagle Rare

Der Eagle Rare ist ein berühmter Single Barrel Bourbon. Er ist gut verfügbar und wird hoch geschätzt. Buffalo Trace erwarb die Marke Ende der 1980er-Jahre von Seagram, der den Bourbon 1975 auf den Markt gebracht hatte. Die moderne Single-Barrel-Version erschien erstmals 2000 als 17-Jähriger in der Antique Collection von Buffalo Trace. Der 10-Jährige kam einige Jahre später und ist ein preiswerter Single Barrel Bourbon. Eagle Rare verwendet dasselbe Maischerezept wie die Marke Buffalo Trace, reift aber in einem vom Trace-Team als günstiger erachteten Bereich des Lagers. Diese feinen Unterschiede in verschiedenen Bereichen des Lagers, die tatsächlich unterschiedliche Aromen bewirken, hat man im Lauf vieler Jahre entdeckt.

Single Barrel, 10 Jahre

Toffee, Honig und Kräuter in der Nase, Kakao und Mandeln am Gaumen, mit trocken-würzigem Finish.

⋆ Alk.: 45 Vol.-% ⋆ Typ: Bourbon

WHISKY-ZITATE

„Glück, das bedeutet ein gutes Steak zu haben, eine Flasche Whiskey und einen Hund, der das Steak isst."
– Johnny Carson

Elijah Craig

In Fachkreisen heißt es, Reverend Elijah Craig habe die Idee gehabt, ausgekohlte Fässer zu benutzen, wie sie heute bei den Bourbon-Produzenten Standard sind. Man erzählt, dass bei einem Brand in der Destillerie des Reverends in den 1780er-Jahren einige Eichenfässer in den Flammen standen und innen stark verkohlten. Elijah benutzte die Fässer trotzdem weiter und bemerkte, dass der später daraus abgefüllte Whiskey sich deutlich verbessert hatte. Diese wie andere Anekdoten sollte man mit Vorsicht genießen. Jedenfalls taufte Heaven Hill seinen Whiskey zu Ehren dieses Baptistenpredigers und Destillateurs Elijah Craig.

12 Jahre

Gekohlte Eiche und cremige Süße in der Nase, weich am Gaumen mit Kompott und Gewürzen; Anklängen von Anis im Finish.

★ Alk.: 47 Vol.-% ★ Typ: Bourbon

Evan Williams

Der Evan Williams lag zuletzt in der Verkaufsstatistik für Bourbon in den USA auf Rang 2. Die Marke ist im Heimatmarkt und in der Welt bestens bekannt. Der Whiskey verdankt seinen Namen dem Siedler Evan Williams, der im 18. Jahrhundert aus Wales in die neue Welt kam. Er galt als Multitalent und betätigte sich unter anderem als Farmer, Bauunternehmer, Politiker und eben auch als Destillateur. Evan brannte 1783 erstmals Whiskey in Kentucky. Der Whiskey wird von dem Familienunternehmen Heaven Hill in der 1992 gebauten Bernheim Distillery in Louisville produziert, die vorher Diageo gehörte. Die Marke bietet einige Versionen an, darunter Black, Green und White Label, die Small-Batch-Abfüllung 1783 und eine Auswahl von Jahrgangs- und Single-Barrel-Varianten.

Black Label

In der Nase Eiche, Cola und Vanille; Kirschsirup und Zimttoast am Gaumen und ein respektables, kräftiges Finish.

★ Alk.: 43 Vol.-% ★ Typ: Bourbon

Four Roses

Der Ursprung des Namens Four Roses bleibt im Dunklen, man hört verschiedene Versionen. Nach einer beliebten Anekdote stand dahinter der Heiratsantrag des Brennereigründers Paul Jones Jr. Die Auserwählte ließ ihn wissen, ihre Antwort sei „Ja", wenn sie beim bevorstehenden Ball vier Rosen am Mieder trüge. Und tatsächlich trug sie dann vier Rosen. Als Ausdruck seiner Liebe nannte Paul seinen Whiskey „Four Roses". Unter der Marke wurde ursprünglich in den USA ein Blended Bourbon vekauft, bis Seagram die Destillerie 1943 erwarb. Four Roses gehört zu den weltweit, speziell in Europa und Asien, meistverkauften Bourbons. Das aktuelle Sortiment besteht aus Yellow, Small Batch, Platinum und Fine Old.

Small Batch

Ein mutiger, körperreicher Bourbon mit viel Charakter, Noten von Karamell, Vanille und roten Beeren.

⭑ Alk.: 45 Vol.-% ⭑ Typ: Bourbon

George T. Stagg

Wie mehrere Whiskeys aus dem Hause Trace trägt der George T. Stagg den Namen einer für die Destillerie bedeutsamen Persönlichkeit. Die Zusammenarbeit mit George T. Stagg begann vor fast 150 Jahren. Zusammen mit E. H. Taylor Jr. führte er die Brennerei zu ihrem heutigen Erfolg. Sein Einfluss war so stark, dass die Destillerie ab 1904 einige Jahrzehnte sogar seinen Namen trug. Es erscheint angebracht, dass einer derart wichtigen Persönlichkeit in der Geschichte des Unternehmens durch den hochwertigsten heute verfügbaren Bourbon ein Denkmal gesetzt wird. Der George T. Stagg wurde erstmals mit der dritten Auflage der Antique Collection im Herbst 2002 vorgestellt. Danach gab es jedes Jahr eine neue Auflage aus einigen wenigen Fässern, die als Barrel Proof (Cask Strength) unverdünnt und unfiltriert abgefüllt werden.

Bourbon, 2013er Abfüllung

Unglaublich kräftiger Whiskey mit intensiven Eichen- und Schokoladenoten, im Mund schwer mit vielfältigen Aromen.

⭑ Alk.: 64,1 Vol.-% ⭑ Typ: Bourbon

WHISKY-ZITATE

„Ich hätte nie von Scotch auf Martinis umsteigen sollen."

– Humphrey Bogarts letzte Worte

Georgia Moon

In traditionellen Whisky-Ländern würde der Georgia Moon rein formal schon nicht als Whisky durchgehen, denn er unterliegt keiner Mindestreifezeit, ist also mit anderen nicht gereiften Spirituosen wie Wodka gleichzusetzen. Nur in der amerikanischen Whiskey-Branche ist die Bezeichnung Whiskey bereits für das frische Destillat zugelassen. Über Jahrzehnte wurde junger Whiskey unter Bezeichnungen wie White Dog, White Lightning und Moonshine verkauft. Wenn solcher Branntwein, etwa während der Prohibition, verkauft wurde, dann meist unverdünnt und häufig mit Früchten aromatisiert, um seinen scharfen Geschmack abzumildern. Dieser Whiskey-Stil erlebt in den USA zuletzt ein kleines Revival: Neu gegründete Destillerien bringen ihn in verschiedenen Aromavarianten auf den Markt.

Georgia Moon

Saubere Nase mit etwas buttrigem Mais. Am Gaumen zeigt sich die Unreife des Brandes. Trotz allem ein interessanter Whiskey.

⭑ Alk.: 40 Vol.-% ⭑ Typ: Corn

Heaven Hill

Heaven Hill wurde nach dem Ende der Prohibition von der Familie Shapira gegründet, der das Unternehmen bis heute gehört. 1935 wurde das erste Fass befüllt. Heaven Hill ist die größte US-Destillerie in Familienbesitz. Wie Buffalo Trace produziert die Brennerei unter einem Dach verschiedene Marken und bedient mit unterschiedlichen Maischerezepturen und Verfahren ein breites Geschmacksspektrum. Die Destillerie hat sich immer auf Bourbon konzentriert, sich in den letzten Jahren aber ein beachtliches Portfolio mit anderen Spirituosen geschaffen. 1996 vernichtete ein Brand einen Großteil der Lagerbestände und ruinierte fast das Unternehmen. Produziert wird heute in der Bernheim Distillery in Louisville, Heaven Hill in Bardstown übernimmt die Reifung und Abfüllung. Heaven Hill Bourbon, Elijah Craig, Evan Williams, Georgia Moon und Fighting Cock sind nur einige der Whiskeys unter dem Dach von Heaven Hill.

Heaven Hill

Flaggschiff der Bourbons von Heaven Hill und vier Jahre gereift. Ehrlicher Bourbon, der meist für Cocktails genutzt wird.

⭑ Alk.: 40 Vol.-% ⭑ Typ: Bourbon

J.W. Dant
Evan Williams
HEAVEN HILL
Fighting Cock
HERITAGE COLLECTION
SINGLE BARREL
D.S.P. KY-1

WHISKY-ZITATE

„Ich erinnere mich gut an meine erste Begegnung mit dem »Gebräu des Teufels«. Ich stolperte über eine Kiste Bourbon – und danach stolperte ich noch mehrere Tage umher.“

– W. C. Fields

Jim Beam

Die Familie Beam wanderte Mitte des 18. Jahrhunderts von Deutschland in die USA aus. Jacob Beam (Johannes Jakob Böhm) produzierte in seiner Destillerie Old Tub 1795 seinen ersten Whiskey mit der Bezeichnung Old Jake Beam. Die heute bekannte Marke verdankt ihren Namen jedoch James Beam, dem Urenkel von Jacob, der die Destillerie in Clermont kurz nach Ende der Prohibition 1933 wieder aufbaute. Die Produktion des Whiskeys Jim Beam liegt noch immer in der Hand der Familie, obwohl das Unternehmen zu Suntory gehört, aber Frederick Noe, der Urenkel von James, ist heute dort Master Distiller. Das aktuelle Sortiment von Jim Beam ist umfangreich. Die bekanntesten Abfüllungen sind White und Black Label und seit Kurzem der Devil's Cut.

Devil's Cut

Üppiger und voller als die anderen Versionen der Marke, mit mehr Kick, reichlich Vanille und Holzaromen.

- **Alk.: 45 Vol.-%**
- **Typ: Bourbon**

Knob Creek

Der Knob Creek kam erstmals Anfang der 1990er-Jahre zusammen mit Bakers 7 Jahre und Basil Hayden's heraus, zwei anderen Marken des Hauses Jim Beam. Alle drei ergänzen die 1988 geschaffene Small Batch Selection von Booker Noe (sechste Generation der Familie Beam). Das Konzept hinter dem Knob Creek war eine Rückkehr zum Bourbon-Stil vor der Prohibitionszeit, der länger gereift und mit höherem Alkoholgehalt abgefüllt wird. Mit höherem Roggenanteil, mehr Alkohol, neun Jahren Reifung und insgesamt vollerem Charakter wurde die Marke zum Erfolg und fand schnell ihren Platz unter den Premium-Bourbons. Seit der Vorstellung kamen noch weitere Abfüllungen des Knob Creek heraus, darunter Single Barrel, Rye- und Smoked-Maple-Versionen.

Knob Creek, 9 Jahre

Karamell und weiße Schokolade in der Nase, kribbelnde Eichenwürze und Vanille am Gaumen, dann ein langes, holziges Finish.

- **Alk.: 50 Vol.-%**
- **Typ: Bourbon**

Larceny

Der Larceny gehört zur Whiskey-Familie Old Fitzgerald, die 1999 von Heaven Hill gekauft wurde. Die Marke verdankt ihren Namen dem betrügerischen Finanzbeamten John E. Fitzgerald. Ende des 19. Jahrhunderts hatten nur Bevollmächtigte des Fiskus Schlüssel zu den Lagerhäusern, in denen die Brände der Destillerien Kentuckys reiften. John hatte wohl einen guten Geschmack und bediente sich an den besten Fässern, was sie quasi adelte. Larceny ist ein sogenannter Wheated Bourbon, in dessen Maische der sonst übliche Roggen durch Weizen ersetzt wird, für einen weicheren, gefälligeren Stil. Für jede Charge des Larceny werden nur 100 Fässer im Alter von sechs bis zwölf Jahren ausgewählt.

Larceny

Brauner Zucker, Honig und Zimt in der Nase, am Gaumen weich und cremig; langes, würziges Finish.

⭑ Alk.: 46 Vol.-%
⭑ Typ: Bourbon

Maker's Mark

Maker's Mark ist ein Bourbon, der einem in jeder Bar sofort ins Auge fällt. Die legendäre rote Wachsversiegelung und die quadratische Flasche haben sicherlich mit zum Erfolg der Marke beigetragen. Der Whiskey wird von der Familie Samuels gemacht, deren Brenntradition bis ins späte 18. Jahrhundert zurückreicht. Aktuell leitet Bill Samuels Jr. die Destillerie, und sein Sohn Rob (die achte Generation der Samuels) steht schon bereit. Die Entstehung des Whiskeys ist spektakulär: Bill Samuels Sr. verbrannte absichtlich das Original des 170 Jahre alten Familienrezepts, denn er wollte einen qualitativ anspruchsvolleren Whiskey machen als seine Vorfahren. Dieser Schritt zahlte sich aus. Seit der Präsentation des Maker's Mark 1958 stürmt er von Erfolg zu Erfolg. Es gibt zwei Standardversionen, die traditionelle mit 45 Vol.-% und eine neuere mit 46 Vol.-%

Maker's Mark

Anklänge von Honig und exotischen Früchten in der Nase, am Gaumen Vanille und Nussaromen, wärmend, würziger Abgang.

⭑ Alk.: 45 Vol.-% ⭑ Typ: Bourbon

Mellow Corn

Corn Whiskey war über viele Jahrzehnte fast vergessen, erlebte in den letzten Jahren aber ein Revival. Einige handwerkliche Destillateure nutzen seine Besonderheit als Marktchance. Corn Whiskey war während der Prohibition ein beliebter schwarzgebrannter Schnaps, denn Mais gab es reichlich und günstig. Den illegalen Mais-Whiskey verkaufte man häufig in Krügen direkt ab Brennblase als New Make oder White Dog. Corn Whiskey unterscheidet sich in zwei Punkten von Bourbon. Zum einen in der Maischerezeptur: Für Bourbon muss der Maisanteil bei mindestens 51 Prozent liegen, für Corn Whiskey bei mindestens 81 Prozent. Zum anderen darf man Corn Whiskey in bereits benutzten Fässern reifen, während für Bourbon neue Eichenfässer Vorschrift sind. Diese Abfüllung gehört zum Portfolio von Heaven Hill.

Mellow Corn

Vanille, Banane und Honig in der Nase, Ingwer und noch mehr Vanille am Gaumen, der Abgang ist kurz und süßlich.

⋆ Alk.: 50 Vol.-% ⋆ Typ: Corn

WHISKY-ZITATE

„Eine Wertschätzung von Prosa ist erlernt, nicht instinktiv. Es ist eine Gewöhnungssache wie Scotch Whisky."

– Abigail Padgett

Noah's Mill

Die Marke Noah's Mill ist noch relativ jung. Sie wird von Kentucky Bourbon Distillers Co. (KBDC) produziert, auch als Willett Distillery Co. bekannt. Die Nachfahren der Familie Willett leiten KBDC. Sie waren ab dem 19. Jahrhundert in der Branche in Kentucky tätig und betrieben von 1935 bis in die 1980er-Jahre eine eigene Destillerie unter ihrem Namen. Das Unternehmen wurde einige Jahre später verkauft und in Kentucky Bourbon Distillers Ltd. umbenannt. Der heutigen Generation der Willetts ist es zu verdanken, dass die Firma wieder im Geschäft ist. Die Originalbrennerei wurde restauriert und produziert seit 2012 wieder Whiskey. Das Unternehmen besitzt inzwischen sieben erfolgreiche, in vielen Ländern vertretene Marken wie Old Bardstown, Johnny Drum, Willett, Kentucky Vintage, Pure Kentucky, Noah's Mill und Rowan's Creek.

Noah's Mill

In der Nase Toffee, Kaffee und Holzaromen; dunkles Obst am Gaumen und ein kräftiger Ausklang mit gekohlter Eiche und Biss.

⋆ Alk.: 57,15 Vol.-% ⋆ Typ: Bourbon

Rittenhouse

Der Rittenhouse Rye von Heaven Hill gewann mit der wachsenden Popularität von Roggen-Whiskey in den vergangenen Jahren an Zuspruch. Die weltweite Nachfrage nach Rye Whiskey stieg enorm, denn dieser Whiskey-Stil aus der Vorprohibitionszeit ist gerade en vogue. Roggen-Whiskey ist eine wichtige Zutat für einen guten Manhattan, und viele Barkeeper bestücken ihr Sortiment mit mindestens einem soliden Rye Whiskey. Hier konnte Rittenhouse punkten, denn der Whiskey hat einen guten Preis und profitiert vom Vertriebssystem des Hauses Heaven Hill. Die Marke wurde zum Favoriten der Barkeeper weltweit. Das Sortiment von Rittenhouse bietet den Standard Straight Rye und einen 100 Proof. Es gab auch einige limitierte Abfüllungen wie den Single Barrel (25 Jahre).

Rittenhouse Rye 100 Proof

In der Nase lebhaft mit Kakao und würzigem Roggen, am Gaumen körperreich mit intensiver Eiche; langes, würziges Finish.

- **Alk.: 50 Vol.-%**
- **Typ: Rye**

Pappy Van Winkle. Weniger ist mehr

Die meisten Unternehmen steigern die Produktion, wenn die Nachfrage wächst, um Marktanteile hinzuzugewinnen.

Ein Anbieter hat diese Logik auf den Kopf gestellt und seine Produktion auf nur 7000 Kisten pro Jahr begrenzt. Zum Vergleich: Jim Beam verkauft rund sieben Millionen Kisten pro Jahr. Durch diese bewusste Limitierung des Angebots wurde Pappy Van Winkle zu einer der begehrtesten Spirituosen. Interessenten lassen sich auf Listen setzen und warten zehn und mehr Jahre, um eine (!) Flasche zu bekommen. Sie wird für 200 Dollar verkauft, erzielt beim Weiterverkauf aber das Zehnfache.

Das war nicht immer so. Julian „Pappy" Van Winkle, der das Etikett ziert, begann 1893 als Spirituosenverkäufer für die Firma Weller – da war er erst 18 Jahre alt. 1910 erwarb er mit einem Kollegen die Stitzel Distillery in Louisville, die bis zu ihrer Schließung 1991 Bourbon produzierte.

Die Van Winkles hatten die Firma zu diesem Zeitpunkt bereits verkauft, denn die Nachfrage nach Bourbon war rückläufig. Doch Van Winkles Enkel Julian kaufte Bestände des gereiften Bourbon auf und verkaufte sie weiter. 2002 ging die Produktion an die Destillerie Buffalo Trace über, die den Whiskey seither erzeugt.

Wie selten und begehrt Pappy Van Winkle ist, zeigt der Diebstahl einiger hundert Flaschen aus einem Zolllager, der 2013 international für Schlagzeilen sorgte. Die Polizei lobte 10 000 Dollar für Hinweise aus, aber ohne Erfolg – die Täter wurden nicht ermittelt.

WHISKY-ZITATE

„Champagner ist ein lustiges Getränk. Ich bin an Whiskey gewöhnt. Whiskey ist wie ein Schlag auf den Rücken, Champagner wie ein Nebel vor meinen Augen."

– James Stewart als Macaulay Connor in *Die Nacht vor der Hochzeit*

Sazerac

Der Sazerac Rye Whiskey verdankt seinen Namen einem berühmten Cocktail, der in den 1850er-Jahren im Sazerac Coffee House in New Orleans kreiert wurde. Ursprünglich mixte man ihn aus Cognac der französischen Marke Sazerac de Forges et Fils. Ende des 19. Jahrhunderts veränderte man das Rezept und nahm nun Roggen-Whisky aus der Destillerie Buffalo Trace. Dies war teilweise dem Weinernteausfall in Frankreich durch die Reblaus geschuldet, da war Cognac kaum erhältlich und sehr teuer. Der Sazerac Rye Whiskey kam erstmals im Jahr 2000 in der Antique Collection als 18-jährige Version heraus. 2005 wurde er in seiner auffälligen Flasche als reguläre Abfüllung eingeführt. Beide Varianten ernteten weltweit bei Spirituosenbewertungen viel Lob.

Straight Rye

Orangenschokolade und Ingwer in der Nase, dazu üppig-würzige Frucht am Gaumen und ein Finish mit süß-würziger Eiche und Vanille.

⋆ Alk.: 45 Vol.-% ⋆ Typ: Rye

W. L. Weller

Wie viele Bourbons trägt der W. L. Weller den Namen einer bedeutenden Persönlichkeit der amerikanischen Whiskey-Branche. 1849 kreierte William Larue Weller (1825–1899) als erster in der Branche einen Bourbon mit hohem Weizenanteil (Wheat) in der Maische. Das ergab einen leichteren, weicheren und insgesamt gefälligeren Whiskey als die schwereren Varianten auf Roggenbasis. Leider wurde die Destillerie, aus der dieser erfolgreiche Whiskey ursprünglich kam, 1992 geschlossen. Zum Glück lebt die Marke bei der Buffalo Trace Distillery weiter, die sie 1999 erwarb. Momentan gibt es drei Versionen des W. L. Weller: Special Reserve, Antique und eine 12-jährige Abfüllung.

12 Jahre

Leichterer, unkomplizierter Bourbon mit Noten von Toffee und Butterkaramell, eingebunden in weiche, holzige Würze.

⋆ Alk.: 40 Vol.-% ⋆ Typ: Bourbon

Wild Turkey

Die heute als Wild Turkey bekannte Destillerie wurde 1855 von Austin Nichols gegründet und hieß ursprünglich Old Moore. 1869 kauften die Gebrüder Ripy die Brennerei, die damals Beteiligungen an vielen Destillerien besaß und ein wichtiger Bourbon-Lieferant an Händler, Blender und Abfüller war. Wild Turkey bekam seinen klangvollen Namen erst viel später in den 1940er-Jahren nach verschiedenen Namens- und Eigentümerwechseln. Heute ist die Marke sehr bekannt und wird von einem der Grandseigneurs unter den Master Distillers gemacht: Jimmy Russell arbeitet seit 1954 in der Destillerie, seit 1982 auch Eddie Russell. Wie viele gut etablierte Marken bietet Wild Turkey ein großes Sortiment, dessen Kern aus 81 Proof, 101 Proof, dem 8-jährigen 101 Proof und der Abfüllung Rare Breed besteht.

Wild Turkey 101

Mutiger, körperreicher Bourbon mit Wucht, Anklänge von Butterkaramell, Vanille und einem gehörigen Kick Würze.

⋆ Alk.: 50,5 Vol.-% ⋆ Typ: Bourbon

Woodford Reserve

Die Destillerie Woodford ist offiziell die älteste bestehende Bourbon-Brennerei in Kentucky. Die Produktion begann 1812 und dauert bis heute an. 1833 kam der junge schottische Wissenschaftler und Master Distiller Dr. James Crow ins Unternehmen. Während seiner 20 Jahre bei Woodford perfektionierte Crow unter anderem das Sour-Mash-Verfahren. Er wird oft als „Vater des Bourbon" bezeichnet, denn seine detaillierten Aufzeichnungen formten und definierten das Getränk, das wir heute als Straight Whiskey kennen. Die Woodford Distillery nimmt technisch eine Sonderstellung ein, denn man arbeitet dort mit aus Schottland stammenden traditionellen Pot Stills. Neben dem Kernsortiment unterstreichen zahlreiche interessante Abfüllungen, darunter einige Single Malts in der Master's Collection, die Ambitionen der Marke.

Woodford Reserve

Komplexer, würziger Bourbon mit Noten von Honig, Butterkaramell, Vanilleeis und einer Spur Rauch.

⋆ Alk.: 43,2 Vol.-% ⋆ Typ: Bourbon

TENNESSEE

Die Whiskey-Herstellung hat in Tennessee Tradition. 1799 wurden allein in Davidson County 61 Brennblasen gezählt – bei einer Bevölkerung von gerade einmal 4000 Menschen. Heute gibt es nur noch vier Hersteller, von denen allerdings einer, Jack Daniel's, zu den größten Spirituosenmarken der Welt gehört.

Geschmacklich würden die meisten Jack Daniel's als Bourbon beschreiben, doch das steht nicht auf der Flasche. Jack Daniel's, Collier and McKeel und George Dickel sind die drei bekanntesten Marken von Tennessee Whiskey (oder Whisky ohne „e" im Fall von George Dickel). Vom Typ her ein Bourbon, müsste er die Anforderungen eines Straight Bourbon erfüllen und darf, laut North American Free Trade Agreement (NAFTA), nur im Staat Tennessee erzeugt worden sein.

Seit Mai 2013 muss Tennessee Whiskey unter Anwendung des Lincoln County Process produziert werden. Bei diesem Produktionsschritt sickert der Whiskey zum Filtern vor der Abfüllung auf Fässer durch eine dicke Schicht Ahornholzkohle.

Befürworter dieses Verfahrens behaupten, der Whiskey werde dadurch weicher, Vanille-, Karamell- und Lakritzaromen könnten so hervortreten. Ironischerweise wird für Benjamin Prichard's, den einzigen heute noch in Lincoln County produzierten Tennessee Whiskey, dieses Verfahren nicht verwendet; er hat eine Ausnahmegenehmigung.

Die Whiskey-Herstellung hat in Tennessee Tradition.

Bis 2009 erlaubten überhaupt nur drei der 95 Countys in Tennessee die Destillation. Nach Gesetzesänderungen ist das Brennen in 44 Countys zugelassen. Nun entstehen dort kleine handwerkliche Whiskey-Betriebe wie Nashville's Corsair Artisan, Peg Leg Porker Bourbon und Cumberland Cask.

Sie produzieren in geringem Umfang für Whiskey-Kenner, und es wird noch eine Weile dauern, bis sie dem Giganten im Moore County gefährlich werden. Jack Daniel's produziert im Jahr rund 90 Millionen Liter Whiskey. Probieren kann man das Getränk allerdings nur in der Brennerei, denn Tennessee ist ein sogenanntes Dry County, also ein Landkreis, in dem Verkauf, Ausschank und Transport von Alkohol ganz oder weitgehend verboten sind.

Corsair Artisan Distillery

Die Corsair Distillery in Nashville, Tennessee, wurde 2010 von Andrew Webber und Darek Bell errichtet. Die Freunde aus Kindertagen Andrew und Darek beschäftigten sich zunächst mit dem Bau einer Biodieselanlage. Als es da Probleme gab, beschlossen sie, sich lieber dem Brennen und der Whiskey-Herstellung zu widmen. Wie die meisten Mikrodestillateure setzt Corsair dabei auf ungewöhnliche Kniffe und Produkte.

Die Destillerie von Corsair verteilt die Produktion auf zwei Standorte. Gärung und erster Destillationsschritt erfolgen in der neueren Anlage in Nashville, die abschließende Destillation und Reifung dann am ursprünglichen Standort in Bowling Green in Kentucky, wo Corsair 2008 begann. Corsair hat eine ganze Reihe experimenteller Whiskeys veröffentlicht, die zum Teil die Grenzen des amerikanischen Whiskeys ausloteten. Das großartige und verrückte Spirituosensortiment wächst weiter. Es gibt bisher 22 Abfüllungen, die bei verschiedenen Wettbewerben 41 Medaillen erringen konnten.

Das aktuelle Whiskey-Sortiment besteht aus Triple Smoke (Malt Whiskey aus drei verschiedenen Arten geräuchertem Malz), Wry Moon (hundertprozentiger Rye Whiskey, nicht fassgereift), Ryemageddon (im Fass gereifte Version des Wry Moon), Grainiac (Bourbon aus neun Getreidesorten), Insane In The Grain (Bourbon aus zwölf Getreidesorten), Amarillo (gehopfter Bourbon), Rasputin (gehopfter Malt Whiskey) und Quinoa Whiskey (aus gemälzter Gerste und Quinoa, einem Getreide aus Südamerika). Daneben produziert Corsair andere Spirituosen wie Rum, Gin und Absinth.

Ryemageddon

Die Maischemischung enthält 80 Prozent Roggen, dazu Röstmalz, Purpurweizen und gemälzten Roggen. Ein ungewöhnlicher und kraftvoller Whiskey: schokoladig und würzig.

- Alk.: 46 Vol.-%
- Typ: Rye

Triple Smoke

Aus drei Arten Gerstenmalz, die über Torf, Kirsch- und Buchenholz gedarrt wurden. Der Whiskey daraus ist üppig, rauchig und komplex.

- Alk.: 40 Vol.-%
- Typ: Single Malt

George Dickel und Cascade Hollow

Die George Dickel Distillery ist die zweite große Brennerei in Tennessee nach Jack Daniel's. Ihr Name leitet sich von dem Spirituosenhändler George A. Dickel aus Nashville ab, der wie viele seiner damaligen Kollegen Whiskey von verschiedenen Destillerien kaufte und unter seinem Namen an Einzelhändler verkaufte. Mit der Zeit konzentrierte sich George auf wenige Bezugsquellen und erwarb die exklusiven Verkaufsrechte der Cascade Hollow Distillery, wie sie damals hieß. Der erste Whiskey wurde 1870 unter der Bezeichnung George A. Dickel's Cascade Whisky (ohne „e") verkauft. 1888 erwarb dann Georges Geschäftspartner und Schwager Victor Shwab (man liest auch manchmal Schwab) zunächst die Hälfte der Cascade Distillery, rund zehn Jahre später den Rest.

Entgegen gängiger Annahmen und Marketingaussagen gibt es keinen echten Beweis dafür, dass George die Brennerei Cascade Hollow gegründet hat, obwohl die Marke das bis heute so darstellt.

1911 erlebte die Whiskey-Industrie in Tennessee einen schweren Schlag, als sich der Staat der Abstinenzbewegung anschloss und neun Jahre vor dem Rest der USA für die Prohibition eintrat. Ab da waren Herstellung und Konsum von Alkohol verboten, die Cascade Distillery musste schließen.

Das Unternehmen konnte einige Jahre überleben, indem es Whiskey in anderen Brennereien in Kentucky produzierte. Nach Tennessee kehrte es erst 1958 zurück, als neben dem alten Standort und mit Zugang zur traditionellen Cascade-Quelle die neue Destillerie erbaut wurde. Wie Jack Daniel's arbeitet man mit dem Lincoln County Process und filtert den Alkohol vor der Reifung durch Holzkohle. Zum Sortiment von Dickel gehören No 8, No 12, Rye und Barrel Select.

WHISKY-ZITATE

„Ich bin für alles, was mich durch die Nacht bringt, sei es ein Gedicht, Schlafmittel oder eine Flasche Jack Daniel's."

– Frank Sinatra

No12

Weicher und süßer Whisky-Stil mit Anklängen von Trockenfrüchten, würziger Eiche, Popcorn und einer Spur Ahornrauch.

- Alk.: 45 Vol.-%
- Typ: Blended

Rye

Mit einem Roggenanteil von 95 Prozent, mindestens fünf Jahre gereift; ein mächtiger Whisky mit kräftiger Würze.

- Alk.: 45 Vol.-%
- Typ: Rye

JACK DANIEL DISTILLERY
Lem Motlow, Prop., Inc.
DSP Tennessee - 1
Distiller

Old No.7

Unkomplizierter Whiskey, ideal zum Mixen. Noten von Karamell, Vanille, Bananentoffee und unterschwellig rauchiger Holzkohle; klarer und frischer Charakter.

★ Alk.: 40 Vol.-%

Single Barrel

Weicher und raffinierter als Old No.7, mit deutlich mehr Tiefe im Geschmack, besserem Mundgefühl und längerem Finish.

★ Alk.: 40 Vol.-%

Jack Daniel's

Jack Daniel's ist wohl die bekannteste aller amerikanischen Whiskey-Marken. In fast jeder Bar der Welt steht sie im Regal. Und dank der cleveren Werbung und unzähliger Fans, die entsprechende Merchandising-Artikel tragen, kann man behaupten, dass heute fast jeder von Jack Daniel's zumindest schon gehört hat. Keinem anderen Whiskey der Welt gelang es, seinen kultartigen Status in solchem Maße zu etablieren. Jack Daniel's genießt wie Coca Cola den Status einer Ikone, einer Kultmarke.

Die Destillerie hat ihren Sitz in Lynchburg, Tennessee. Das genaue Gründungsdatum ist unbekannt, wahrscheinlich zwischen 1860 und 1880.

In Bezug auf Jack Daniel's kursieren zwei irrige Vorstellungen. Zum einen glauben viele, es handle sich um einen Bourbon. Das Produktionsverfahren bei Jack Daniel's entspricht fast exakt der Bourbon-Herstellung, bis auf die zusätzliche Anwendung des Lincoln County Process (Filtern durch Holzkohle), die ihn zum Tennessee Whiskey macht. Nur zwei Destillerien in Tennessee verwenden diese Technik. Bei der Herstellung von Bourbon ist das Filtern nicht zulässig.

Nach der zweiten gängigen Vorstellung soll Jack Daniel's gar kein richtiger Whiskey sein. Das stimmt natürlich nicht, denn ein Whiskey entsteht immer, wenn eine Mischung verschiedener Getreide dem Gärprozess unterzogen und dann destilliert wird.

Im Lauf der Jahre gab es viele limitierte Versionen des Jack Daniel's, zum Kernsortiment gehören die Abfüllungen Old No. 7, Gentleman Jack und Single Barrel.

DIE ANDEREN US-STAATEN

Vor der Prohibition gab es nicht nur in Whiskey-Hochburgen wie Tennessee und Kentucky Destillerien, sondern überall in den USA. Die Distillery Database (www.pre-pro.com) hat 2887 verschiedene Brennereien ermittelt, die vor 1920 aktiv waren.

Viele mussten in den 13 Jahren bis zur Aufhebung der Prohibition 1933 aufgeben, doch in letzter Zeit vollzieht sich eine Art Wiedergeburt des Destillierens, denn die Whiskey-Macher haben sich am Erfolg der Craft-Beer-Szene orientiert und begonnen, in kleinen Chargen Whiskeys zu erzeugen, die zunehmend Anklang finden.

Laut einer vom American Distilling Institute (ADI) auf der Jahreskonferenz 2012 vorgestellten Branchenanalyse gab es 2005 etwa 50 aktive Mikrodestillerien. Zum Zeitpunkt der Konferenz war deren Zahl auf rund 250 in 45 Staaten angestiegen. In zehn Jahren, so Prognosen, sollen es rund 1000 Brennereien sein.

Viele von ihnen arbeiten als Mikrodestillerien, begünstigt durch die veränderten Staatsgesetze Anfang der 2000er-Jahre, die bei den Lizenzgebühren zwischen Großbrennereien und Start-up-Unternehmen unterscheiden.

Der Aufbau einer Whiskey-Firma braucht Zeit, denn das Produkt muss lange reifen.

Vor der Prohibition gab es überall in den USA Destillerien.

2010 kaufte der schottische Whisky-Gigant William Grant & Sons von Tuthilltown Spirits in New York deren Whiskey-Reihe Hudson mit einem Bourbon, einem Rye und einem Malt.

Viele der neuen Firmen wenden sich gezielt vom Bourbon ab und anderen Varianten des amerikanischen Whiskeys zu. Die Auswahl wird immer größer: Stranahan's Colorado Whiskey ist ein Malt, Wasmund's produziert Single Malt und Rye Whiskey und Rock Town Weizen-Whiskeys, darunter eine mit Hickory-Holz geräucherte Version.

Es entstehen neue Kategorien, wie der ganz junge weiße Whiskey, mit dem Produzenten wie Few Spirits, Buffalo Trace und Low Gap an die Zeit des Moonshine anknüpfen.

Devil's Share

Der Devil's Share Whiskey ist Teil des Spirituosenangebots der Brauerei und Destillerie Ballast Point. Das Unternehmen wurde von den Hobbybrauern Jack White und Yuseff Cherney gegründet und startete 1992 als bescheidener Laden für Hobbybrauer. Jack und Yuseff, begeisterte und erfahrene Brauer, richteten hinter ihrem Laden 1996 eine kleine Brauerei ein und produzierten bald in größerem Maßstab Bier. Die Nachfrage nach ihrem Bier wuchs, und 2004 zog die Brauerei in die sogenannte Scripps Ranch um. 2008 stellten sich die beiden einer neuen Herausforderung und richteten eine Brennerei ein: die erste Mikrodestillerie in San Diego. Devil's Share Single Malt und Bourbon kamen 2013 auf den Markt.

Devil's Share Single Malt

Unheimlich voll und süß, mit viel Vanille, Karamell, Weingummi und Lakritz.

★ Alk.: 46 Vol.-% ★ Typ: Single Malt ★ Region: San Diego, Kalifornien

Dry Fly

Die Destillerie Dry Fly ist in Spokane in Washington zu Hause. 2007 fertiggestellt, war dies die erste Getreidebrennerei in Washington seit über 100 Jahren. Der Name verweist auf die Entstehung der Destillerie, denn die Besitzer Kent Fleischmann und Don Poffenroth beschlossen beim Fliegenfischen, eine Brennerei zu gründen. Wie viele der neuen Destillerien konzentrierte sich das Team von Dry Fly zunächst auf die Herstellung von Gin und Wodka, während ihr Whiskey heranreifte. Bis jetzt hat Dry Fly einige interessante, unkonventionelle Versionen vorgestellt: Washington Wheat, Bourbon 101, Triticale (aus einer Kreuzung von Weizen und Roggen), Port Finish Wheat Whiskey und Peated Wheat Whiskey. Der Single Malt von Dry Fly reift zur Zeit noch und wird wohl 2017 oder 2018 als 10-Jähriger herauskommen.

Washington Wheat

Weich und raffiniert, mit Noten von süßem Gebäck, Eichenwürze, Kokos und Vanilleeis.

★ Alk.: 40 Vol.-% ★ Typ: Wheat ★ Region: Washington

FEW

Die Mikrodestillerie FEW ist in der Stadt Evanston bei Chicago ansässig. Eigentlich ein merkwürdiger Standort für einen Brennerei, denn sie gilt als Heimat der Abstinenzbewegung (Temperance Movement). Die Bewegung war in Evanston so fest verwurzelt, dass hier das Alkoholverbot noch weit über das Ende der Prohibition fortbestand und erst in den 1990er-Jahren aufgehoben wurde. Wie viele handwerkliche Brenner folgt FEW dem Prinzip „vom Getreide ins Glas" und achtet darauf, dass jeder Tropfen ihrer Marke aus den eigenen Brennblasen und aus regionalen Zutaten stammt. Das aktuelle Sortiment bietet einen in kleinen Chargen produzierten Bourbon und Rye Whiskey.

FEW Bourbon

Lebhafter junger Bourbon, süß und fruchtig, mit Toffee, Zitusmarmelade und würziger Eiche.

★ Alk.: 46,5 Vol.-%
★ Typ: Bourbon
★ Region: Chicago, Illinois

High West

Die Destillerie High West startete 2004 als erste neue Brennerei in Utah seit Ende des 19. Jahrhunderts. Geleitet wird sie von dem Biochemiker David Perkins. Das Team von High West hat sich mit seinen verschiedenen Blends bereits einige Auszeichnungen verdient und in Kennerkreisen für Wirbel gesorgt. Wie bei vielen Start-up-Destillerien geht es auch hier darum, nach der Anfangsinvestition in Geräte und Fässer die ersten Einnahmen zu erzielen, während der Whiskey langsam zur Reife gelangt. Man kann dazu Bestände anderer, älterer Brennereien zukaufen und verschneiden, um einen eigenen Stil zu kreieren. Dieses Verfahren wird seit Jahrhunderten in Schottland und Amerika praktiziert. Das Team von High West hat eindeutig die Fähigkeit, hervorragende Fässer auszuwählen und daraus interessante und ungewöhnliche Whiskeys zu komponieren.

Double Rye

Anklänge von Minze und Roggenaroma in der Nase, kräftige Würze und Vanille am Gaumen und süßer, würziger Abgang.

★ Alk.: 46 Vol.-% ★ Typ: Rye ★ Region: Utah

WHISKY-ZITATE

„Zu viel von allem ist schlecht, aber zu viel von gutem Whiskey ist kaum genug."
– Mark Twain

Hudson

Die Distillerie Tuthilltown Spirits in New York wurde 2003 gegründet und destillierte dort den ersten Getreidebranntwein seit mehr als 70 Jahren. Das Projekt wurde von Ralph Erenzo und seinem Kompagnon Brian Lee verwirklicht. Die alte Mühle, die zur Brennerei umgebaut wurde, hatte Ralph ursprünglich erworben, um darin ein Zentrum für Sportkletterer einzurichten, doch verschiedene Klagen der Nachbarn machten die Pläne zunichte.

Die beiden änderten ihre Pläne und bauten eine Destillerie. Wie viele handwerkliche Betriebe setzt Hudson auf einige ausgefallene Aspekte in der Produktion. Bemerkenswert ist etwa der Einsatz von Basslautsprechern im Fasslager. Nachdem man ihnen geraten hatte, ihre Fässer von Zeit zu Zeit zu rütteln – eine anerkannt sinnvolle Sache – fand das Team eine einfachere Lösung: Basslautsprecher. Die tiefen Töne lassen die Fässer und den reifenden Alkohol minimal vibrieren, wodurch sich die Interaktion von Alkohol und Eiche intensiviert und die Reifung verbessert. Durch Experimente mit verschiedensten Maischerezepturen bietet das Sortiment von Hudson fast alle amerikanischen Whiskey-Stile an: Corn, Rye, Bourbon Single Malt und eine Vier-Getreide-Abfüllung.

Die Reifung erfolgt in zwei unterschiedlichen Fassgrößen, in 13- und 64-Liter-Fässern aus amerikanischer Eiche. Jeder Whiskey wird in kleinen Chargen jeweils aus verschiedenen Fassgrößen verschnitten. Von Anfang an war Hudson an vorderster Front der Craft-Distilling-Bewegung aktiv und konnte weltweit bei wichtigen Spirituosenwettbewerben bereits zahlreiche Preise erringen.

Baby Bourbon

Ein lebhafter, junger Bourbon, weich und unkompliziert mit Noten von Vanille, Karamell und dezentem Rauch.

⭑ Alk.: 46 Vol.-% ⭑ Typ: Bourbon ⭑ Region: New York

New York Corn

Nicht gereifter Brand aus 100 Prozent Mais. Süß und buttrig, mit cremigem Mundgefühl und klarem Finish.

⭑ Alk.: 46 Vol.-% ⭑ Typ: Corn ⭑ Region: New York

Rock Town

Die Rock Town Distillery in Little Rock, Arkansas, ist die erste in der Region eingerichtete Brennerei seit der Prohibition. Phil Brandon, Distiller und Gründer von Rock Town, spielt eine entscheidende Rolle in der Brennerei. Er stellt sicher, dass jedes Körnchen Mais, Gerste, Weizen und Roggen für seine Spirituosen in Arkansas gewachsen ist und aus einem Umkreis von maximal 200 km kommt. Ein derartiges Engagement für die Nutzung von Rohstoffen regionaler Herkunft können sich große Betriebe gar nicht leisten. Dies ist eines der vielen Alleinstellungsmerkmale, nicht nur von Rock Town, sondern von handwerklich produzierten Spirituosen allgemein.

Young Bourbon, Hickory Smoked Whiskey und Arkansas Rye sind die Vorzeige-Whiskeys von Rock Town. Der Bourbon hat sich seit seiner Präsentation bestens entwickelt. 2013 gewann er auf der San Francisco World Spirits Competition die Goldmedaille für Small Batch Bourbon in der Kategorie „zehn Jahre und jünger" und ebenfalls Gold bei den World Whiskies Awards in London.

Der Hickory Smoked Wheat Whiskey ist etwas ganz Besonderes: Er ist der einzige hundertprozentige Weizen-Whiskey auf dem Markt, und das Getreide dafür wurde über Hickory-Holz geräuchert, was ihm ein süßliches Raucharoma verleiht. Solche experimentellen Whiskey-Varianten wird man nur ganz selten bei einer großen, etablierten Brennerei finden. Ein Grund mehr, die Kreativität der Mikrodestillateure wertzuschätzen. Der im Herbst 2013 vorgestellte Arkansas Rye Whiskey ist ganz neu im Sortiment von Rock Town, in dem neben den drei Whiskeys verschiedene Fruchtliköre, ein Wodka und ein Gin vertreten sind.

WHISKY-ZITATE

„Auf den Alkohol – die Ursache und die Lösung aller Probleme!"

– Homer Simpson

Arkansas Rye Whiskey

Prägnant würziger Whiskey mit intensiven Eichenaromen, dazu Noten von After-eight-Eiscreme.

★ Alk.: 46 Vol.-% ★ Typ: Rye
★ Region: Arkansas

Arkansas Hickory Smoked Whiskey

Leicht und süß, mit cremigem Mundgefühl und Noten von Vanille, dezentem Rauch und Biskuit.

★ Alk.: 46 Vol.-% ★ Typ: Corn
★ Region: Arkansas

Al Capones Whiskey

Trotz des Alkoholverbots während der Prohibition 1920 bis 1933 in den USA war dies für viele eine Zeit des Booms. Die schottischen Whisky-Produzenten konnten auf dem US-Markt Fuß fassen, und Schmuggler wie Al Capone machten ein Vermögen.

Capone importierte illegal Alkohol und handelte mit schwarz gebranntem Whiskey aus den USA. Eine bevorzugte Quelle war die Kleinstadt Templeton in Iowa, wo Farmer einen als „Good Stuff" bekannten hochwertigen Rye Whiskey brannten.

Capone lieferte Fässer davon in die gesamten Vereinigten Staaten. Angeblich wurde er später als Gefangener AZ-85 in Alcatraz selbst damit versorgt.

Nach dem Ende der Prohibition produzierten die Farmer diesen „Hausbrand" für sich selbst und für treue Kunden – nach wie vor illegal. 2001 griffen Scott Bush und Meryl Kerkhoff, Nachkommen der ersten Brenner, das Originalrezept auf und produzierten ganz legal 58 Barrel Whiskey. Die ersten Flaschen waren nach der Reifung 2006 erhältlich. Der auf dem Originalrezept der Prohibitionszeit basierende Templeton Rye zeigt Aromen von Gras und weihnachtlichen Gewürzen mit Spuren von Karamell und Piment und klingt dann sanft aus.

Die Produktion in kleinen Ansatzmengen ergab einen hochgelobten Whiskey, der 2008 bei der Los Angeles International Wine & Spirit Competition Gold in der Kategorie American Straight Rye errang. Im Dezember 2013 wurde die einmillionste Flasche verkauft.

Smooth Ambler

Die Destillerie Smooth Ambler wurde 2009 in Maxwelton in West Viginia gebaut. Initiatoren des Brennereiprojekts waren Tinsley Azariah „Tag" Galyean und John Little, die nach der Wirtschaftsrezession 2008 beschlossen hatten, eine Mikrodestillerie zu gründen. Wie andere handwerklich arbeitende Destillateure finanzierte sich das Team von Smooth Ambler zunächst durch die Produktion von Gin und Wodka. Daneben wählte man auch einige besondere Fässer aus, um daraus eine Serie von Blended Bourbons und Ryes zu kreieren. Unter dem Namen Old Scout sind aktuell vier Whiskeys verfügbar: ein 7 Jahre alter Rye Whiskey und drei Bourbons mit 7 bzw. 10 Jahren und als Yearling, einer limitierten Version.

Old Scout, 7 Jahre

Mächtiger, würziger Bourbon mit hohem Roggenanteil (36 Prozent) und viel Charakter, Aromen von Bratapfel mit Zimt, gerösteten Mandeln und einem frischen Minzehauch.

⋆ Alk.: 49,5 Vol.-% ⋆ Typ: Bourbon ⋆ Region: West Virginia

Stranahan's

Die 2003 von den Whiskey-Liebhabern Jess Graber und George Stranahan gegründete Stranahan's Distillery war die erste legale Whiskey-Brennerei in Colorado. Von Beginn an erlebte die Destillerie einen steten Aufschwung und erregte so 2010 das Interesse des Unternehmens Proximo Spirits aus New Jersey. Unter den Fittichen von Proximo erlebte die Destillerie eine deutliche Expansion und sollte in den kommenden Jahren über genug reife Lagerbestände verfügen, um den weltweiten Vertrieb bedienen zu können. Stranahan's unterscheidet sich von den meisten amerikanischen Destillerien durch die Konzentration auf Malt Whiskey. Die Abfüllung erfolgt jeweils in kleinen Chargen von 5000 Flaschen, zusammengestellt aus zwei bis fünf Jahre alten Fässern. Als Standard gibt es nur diese Version, aber einmal pro Jahr kommt noch die Single-Barrel-Version Snowflake heraus.

Stranahan's

Mächtig, würzig und schmeckt nach mehr. Karamell, Vanille, grünes Obst, Muskatnuss, Holz und Zitrusfrucht.

⭑ Alk.: 47 Vol.-% ⭑ Typ: Single Malt ⭑ Region: Colorado

Copper Fox

Die Copper Fox Distillery liegt am Fuß der Blue Ridge Mountains in Sperryville, Virginia. Gegründet wurde sie im Jahr 2000 von Rick Wasmund. Rick hatte in den Jahren zuvor bei Besuchen in Brennereien in den USA und Schottland sein Wissen erweitert und Ideen gesammelt. Unter anderem arbeitete er sechs Monate in der berühmten Destillerie Bowmore auf der schottischen Insel Islay. Dieses Praktikum und die Kenntnis der in den beiden Ländern unterschiedlichen Methoden erwiesen sich für Rick als wertvolles Startkapital, um gleich von Anfang an hochwertige Spirituosen herstellen zu können.

Die Destillerie in Sperryville bekam 2005 die Brennlizenz für weniger als 5000 Gallonen, der erste Branntwein floss 2006 aus den Brennblasen. Die vorherigen Abfüllungen von Wasmund's Whiskey waren in einer anderen Brennerei produziert worden. Anders als die meisten US-Destillateure konzentriert man sich bei Wasmund's stark auf Single Malt Whiskey und mälzt als eine der wenigen Brennereien weltweit die Gerste selbst. Die ersten Schritte des Mälzens erfolgen in traditioneller Weise, doch beim Darren nutzt man anstelle von Torf oder Heißluft, Schnitzel aus Obstbaumholz wie Apfel oder Kirsche, um der Gerste ein einzigartiges Raucharoma zu verleihen. Bei den amerikanischen Mikrodestillerien werden solche ungewöhnlichen Räucherverfahren immer beliebter, die in Schottland rechtlich nicht zulässig sind. Zur Reifung benutzt man bei Copper Fox gebrauchte Eichenfässer, in die man Chips aus gekohlter Eiche und Obstbaumholz füllt. Das beschleunigt die Aromatisierung des Destillats. Nach sechs Wochen schmeckt der Whiskey wie sonst nach sieben bis acht Jahren.

Wasmund's Single Malt, 42 Monate

Für einen relativ jungen Malt Whiskey recht aussagekräftig. Süß, fruchtig und würzig mit einer Spur Pfeffer, Orangenschale und Holzwürze.

⋆ Alk.: 48 Vol.-% ⋆ Typ: Single Malt ⋆ Region: Virginia

Copper Fox Rye, 12 Monate

Aus zwei Dritteln Roggen und einem Drittel Gerstenmalz gewonnen und in Ex-Bourbon-Fässern gereift. Getoastetes Roggenbrot, Vanilleeis, Honig, Feigen und geröstete Haselnüsse.

⋆ Alk.: 45 Vol.-% ⋆ Typ: Rye ⋆ Region: Virginia

KANADA

Bereits 1668 begannen Siedler, in dem damals als Neufrankreich bekannten Gebiet unter dem Intendanten Jean Talon Schnaps zu brennen. Die erste kanadische Destillerie wurde 1769 in der Stadt Quebec eröffnet, um 1840 waren dort dann über 200 Brennereien aktiv.

Für kanadischen Whisky werden verschiedene Getreide gemischt, er ist süßer und leichter als andere Whisky-Stile. Um als Canadian Whisky zu gelten, muss er in Kanada produziert werden, dort mindestens drei Jahre in Holzfässern reifen und einen Alkoholgehalt von mindesten 40 Vol.-% aufweisen.

Umgangssprachlich ist der Whisky als Rye bekannt, obwohl er selten zu 100 Prozent aus Roggen gemacht wird. Die frühen Siedler bauten Roggen an, weil der auf den mageren Böden gedieh, und machten daraus Whisky. Als sich der Weizen in den Ebenen ausbreitete, nahm man Weizen zum Brennen und etwas Roggen als Aromaträger. Später wurde Mais zum Hauptgetreide.

Der kanadische Whisky erlebte im 19. Jahrhundert ein kräftiges Wachstum, als Unternehmer wie Hiram Walker (Canadian Club) und Gooderham and Worts Whisky im industriellen Maßstab produzierten. Ihre Produkte waren in den USA so beliebt, dass US-Pro-

Der kanadische Whisky erlebte im 19. Jahrhundert ein kräftiges Wachstum.

duzenten versuchten, ihren Whiskey als Canadian zu verkaufen.

Man behauptet, die kanadischen Destillateure hätten von der Prohibition in den USA profitiert, doch auch in Kanada gab es eine kurze Phase des Alkoholverbots, allerdings nicht zeitgleich mit dem Nachbarland. Aufgrund ungleich hoher Zölle ist heute der Schmuggel von den USA nach Kanada ein Problem.

Durch sein Aromaprofil eignet sich Canadian Whisky bestens zum Mixen. Allerdings wird zuletzt auch ein gewisser Mangel an Geschmack kritisiert. Die Branche reagiert darauf mit unverschnittenem Rye, gewürzten und handwerklichen Whiskys. Liebhaber-Blends wie Lot 40, Forty Creek und Century Reserve helfen dem Canadian Whisky, etwas von seiner Reputation zurückzugewinnen.

Alberta Premium

Die Destillerie Alberta in Calgary produziert seit rund 70 Jahren Rye Whisky in großen Mengen und verwendet dafür, anders als andere Brennereien in Kanada und den USA, tatsächlich 100 Prozent Roggen. Obwohl der Rye Whisky als typischer Whisky-Stil Kanadas gilt, mischen die meisten kanadischen Whiskys nur sehr wenig Roggen in die Maische. Anders als in den USA, wo ein Whiskey mindestens 51 Prozent Roggen enthalten muss, um sich Rye Whiskey zu nennen, kennt Kanada keine entsprechende Vorschrift. Für die Brenner ist die Produktion von Roggen-Whisky immer schwierig, denn die klebrige Maische führt häufig zu Problemen in den Brennapparaten. Bei Alberta ist dies bestimmt nicht der Fall, denn hier arbeiten echte Experten auf diesem Gebiet, die neben ihren eigenen Whiskys auch die Rye-Nachfrage vieler anderer Produzenten bedienen.

Dieser zu 100 Prozent aus Roggen gebrannte und fünf Jahre gereifte Whisky ist voll im Geschmack, mit Roggenwürze, Honig, Zitrusschale und Vanilletoffee.

⭑ Alk.: 40 Vol.-%

WHISKY-ZITATE

„Du kennst diese Liebesbriefe, die sich mit Whisky vermischen, zünde bloß kein Streichholz an, wenn Du mich küsst.“

– Jon Bon Jovi

Canadian Club

Dies ist vielleicht einer der legendärsten Canadian Whiskys, zudem noch relativ preiswert und fast überall erhältlich. Der Canadian Club kam 1858 auf den Markt und war damals einer der wenigen Whiskys, die mehr als zwei Jahre in Eiche reiften. Das machte ihn deutlich weicher und süffiger als viele seiner Konkurrenten und verhalf ihm zum Erfolg. Die Marke wuchs selbst während der Prohibition und soll einer der bevorzugten Whiskys gewesen sein, die der berüchtigte Gangster Al Capone schmuggelte. Angeblich kaufte er die Flasche Canadian Club in Ontario für 7,75 Dollar ein und verkaufte sie in den USA für 75 Dollar. Die Geschichte dieser seit vielen Jahrzehnten etablierten Marke ist natürlich reich an solch schillernden Anekdoten.

Classic, 12 Jahre

Würzige süße Frucht, Buttergebäck und Karamell in der Nase, dann Orangenschokolade und Toffee am Gaumen und im Abgang.

⭑ Alk.: 40 Vol.-%

Caribou Crossing

Caribou Crossing war die erste Abfüllung eines Single Barrel Canadian Whiskys und wird von dem Getränkekonzern Sazerac produziert. Das Unternehmen beherbergt nicht nur viele amerikanische Whiskeys unter seinem Dach, sondern auch 24 kanadische Marken. Um all diese verschiedenen Canadien Whiskys anbieten zu können, verfügt Sazerac in der Region über riesige Lagerbestände mit angeblich 200 000 Fässern. Wenn es also darum geht, einige Fässer für den Caribou Crossing auszuwählen, gibt es ein reiches Angebot. Die Auswahl der Fässer übernimmt Drew Mayville, der Master Blender von Sazerac. Vermutlich werden auf den Caribou Crossing noch weitere Premium-Versionen folgen. Seit seiner ersten Vorstellung erntete er viel Lob von Seiten der Kritiker.

Single Barrel

Als Single-Barrel-Abfüllung gibt es von Charge zu Charge Unterschiede. Weich und sanft, Aromen von Crème brûlée, Vanille, Mandarine und Roggenwürze.

⭑ **Alk.: 40 Vol.-%**

Crown Royal

Auch der Crown Royal ist eine Ikone unter den Canadian Whiskys, einst war er das Juwel in der Krone der Seagram Distillery. Der Whisky wurde 1939 anlässlich des Besuchs des britischen Königs George VI. und seiner Gattin Elizabeth in Kanada vorgestellt. Samuel Bronfman, Präsident von Seagram, beschloss, einen hochwertigen Whisky in einer kronenförmigen Flasche und einer Umhüllung in königlichem Purpur zu schaffen. Dieses auffällige Design der Marke sprach die Konsumenten an und positionierte sich als Premiumprodukt, das über die Jahre zum bekanntesten kanadischen Whisky avancierte. Das Sortiment Crown Royal umfasst neben dem Reserve die Versionen Black, Maple Finished, Regal Apple, XO und XR (Extra Rare).

Reserve

Weich und sanft, mit Noten von Zimt und Karamell.

⭑ **Alk.: 40 Vol.-%**

WHISKY-ZITATE

„Whiskey wird in Korbflaschen in Tagungszimmer gebracht und kommt in Dämagogen wieder heraus."

– Mark Twain

Forty Creek

Im Jahr 1992 gründete der Winzer John Hall die Forty Creek Distillery in Grimsby, Ontario. John war bereits 20 Jahre im Weinhandel tätig gewesen, als er seinen Whisky als einen aufstrebenden Stern im kanadischen Whisky-Himmel etablierte. Die Produktion bei Forty Creek entspricht eher der traditionellen Art und Weise; man verwendet zwei klassische Kupferbrennblasen. Anders als viele Brennereien in den USA und in Kanada ist man bei Forty Creek der Auffassung, dass jede Getreideart separat gemaischt und gebrannt werden soll. Diese Single-Grain-Brände werden in verschiedene Eichenfässer unterschiedlicher Herkunft und Auskohlung gefüllt. Das umfangreiche Sortiment von Forty Creek bietet nicht weniger als neun Abfüllungen.

Barrel Select

Zwischen sechs und zehn Jahren in amerikanischer Eiche gereift, dann sechs Monate in Sherryfässern veredelt. Üppig, nussig, süß und würzig.

⭑ Alk.: 40 Vol.-%

Gibson's Finest

Die Marke Gibson's lässt sich bis zur Mitte des 19. Jahrhunderts zurückverfolgen, als John Gibson aus seiner schottischen Heimat nach Pennsylvania auswanderte. Dort gründete er eine Brennerei und machte daraus bis zum Anfang des 20. Jahrhunderts eines der größten Whiskey-Unternehmen der USA. Doch diese guten Zeiten fanden in den 1920er-Jahren mit der Prohibition ein jähes Ende. Die Lagerbestände und die Brennereiausstattung wurden versteigert, die Destillerie geschlossen. Erst in den 1970er-Jahren wurde die Marke durch Schenley Distillers wiederbelebt, die Gibson's Whisky in ihrer Brennerei in Quebec herstellte. In den vergangenen Jahrzehnten konnte sich die Marke wieder etablieren, sie gehört heute zu William Grant & Sons. Zum Sortiment gehören die Abfüllungen Sterling, Grey Cup und Rare (18 Jahre).

12 Jahre

Leider ist diese Abfüllung offenbar nur in Kanada verfügbar. Ein weicher Whisky mit Noten von Vanille, Nelken, gebrannten Mandeln und Eiche.

⭑ Alk.: 40 Vol.-%

FORTY CREEK
WHISKY

Seagram

Seagram's VO war einmal der meistverkaufte Whisky der Welt und ist bis heute die älteste verfügbare kanadische Whisky-Marke. Die Familie Seagram spielte eine bedeutende Rolle in der Geschichte des kanadischen Whiskys und einiger Destillerien weltweit. Die Abfüllung VO wurde ursprünglich von Joseph Seagram geschaffen, der den Whisky angeblich anlässlich der Hochzeit seines Sohns 1913 aus seinen besten Lagerbeständen komponierte. Ursprünglich entstand dieser Whisky in der Seagram-Destillerie im kanadischen Waterloo; nach vielen Umstrukturierungen liegen die Rechte an dem Namen nun bei Diageo und Pernod Ricard. Das „VO" auf dem Etikett steht für „Very Own". Es gibt noch weitere Seagram-Whiskys, darunter Seven Crown (American Blend!) und Five Star Rye.

VO

Meist zum Mixen eingesetzt. Fruchtig, körnig, viel Zimtwürze und ein leichter Bitterton.

⋆ Alk.: 40 Vol.-%

Stalk & Barrel

Die Still Waters Distillery von Barry Bernstein und Barry Stein ging im März 2009 am Stadtrand von Toronto in Betrieb. Es war die erste handwerklich arbeitende Mikrobrennerei in Ontario. Im Vergleich zu anderen kanadischen Destillerien ist Still Waters winzig und produziert nur zwei Barrel Whisky pro Woche. Die Firma arbeitet im Wesentlichen als Zweimannbetrieb. Bernstein und Stein denken sehr praktisch und kümmern sich fast um die gesamte Produktion und jeden Arbeitsschritt, vom Mahlen des Korns bis zur Etikettierung der Flaschen von Hand. In Still Waters werden vier Whisky-Typen gemacht: Single Malt, Rye, Corn und Blended. Jede Charge des Single Malt wird aus einem einzigen Fass, meist in Fassstärke, abgefüllt. Stalk & Barrel Single Malt wird zu 100 Prozent aus gemälzter, zweizeiliger Gerste aus Kanada gemacht. Bei allen Whiskys verzichtet Still Waters auf Farbzusätze und Kühlfiltrierung.

Single Malt, Cask One – Bottle One

Canadian Whisky in dieser Stärke ist selten. Floral und süß, mit Aromen kandierter Früchte, von Marzipan und Plätzchen.

⋆ Alk.: 62,3 Vol.-%

WhistlePig

Die Marke WhistlePig steht für einen eher ungewöhnlichen Canadian Whisky von David Pickerell, zuvor Master Distiller bei Maker's Mark. David suchte nach dem besten verfügbaren Rye Whisky. Nach 14 Jahren wurde er fündig. Den von David entdeckten Whisky umgeben viele Geheimnisse; die Destillerie wird nicht genannt, doch es ist sicher, dass er aus 100 Prozent Roggen gemacht wird. Das ist ungewöhnlich, denn die meisten verfügbaren, von Roggen dominierten Whiskys enthalten gewöhnlich nur 60-65 Prozent Roggen. Die restlichen 35-40 Prozent sind Mais oder Gerste. Der völlige Verzicht auf andere Getreidearten in der Maische ist etwas Besonderes. Ebenfalls ungewöhnlich ist, dass der Whisky nicht an der Quelle, sondern auf der WhistlePig Farm in Vermont abgefüllt wird.

Straight Rye, 10 Jahre

Nichts für Furchtsame, hier geht's zur Sache. Lakritz, Eiche, Menthol und intensive Würze bestimmen diesen Whisky.

★ **Alk.: 50 Vol.-%**

WHISKY-ZITATE

„Nach meiner Erfahrung brauche ich für mein Metier nur folgende Werkzeuge: Papier, Tabak, etwas zu essen und einen kleinen Whisky."

– William Faulkner

Wiser's

Die ursprüngliche Wiser's Distillery arbeitete in Prescott, wo ihr Gründer, John Phillip Wiser, den guten Ruf seines Whiskys beförderte. John galt als wegweisend, weil er die Kategorie des Canadian Whisky formen und definieren half. Leider wurde das Unternehmen nur sechs Jahre nach seinem Tod 1911 an Corby's Distilleries Ltd. verkauft, und die Marke bald in deren Zentrale in Corbyville, Ontario, verlagert. Als auch diese Brennerei vor der Schließung stand, fand die Whisky-Marke eine neue Heimat bei der Hiram Walker Distillery in Walkerville. Hier wird der Whisky heute nach genau dem Rezept und den Vorgaben produziert, die John Wiser vor langer Zeit entwickelte. Zum aktuellen Sortiment gehören auch Special Blend, De Luxe, Spiced, Legacy, Red Letter und eine 18-jährige Version.

Small Batch

Eine höherwertige Abfüllung von Wiser's mit Noten dunkler Früchte, Pfeffer, Aprikosen, Vanille und Eichenwürze.

★ **Alk.: 43,4 Vol.-%**

SUNTORY SINGLE MALT WHISKY
AGED 12 YEARS
THE YAMAZAKI SINGLE MALT WHISKY
THE YAMAZAKI SINGLE MALT WHISKY
山崎
AGED 12 YEARS
The oldest distillery in Japan
YAMAZAKI DISTILLERY
PRODUCED BY SUNTORY
PRODUCT OF JAPAN
ウイスキー
"YAMAZAKI"
SUNTORY WHISKY
ウイスキー
響

JAPAN

Obwohl im Kreis der Whisky-Länder relativ jung, belegt Japan heute weltweit Platz 2 als Hersteller von Single Malt Whisky.

Japan verbesserte im April 2014 seinen Rang, als Suntory für 16 Milliarden Dollar Jim Beam aufkaufte. Suntory wurde durch den Kauf zum drittgrößten Getränkekonzern der Welt. Man erwarb hierbei nicht nur den weltweit meistverkauften Bourbon, sondern auch Teacher's, Laphroaig und Canadian Club.

Dies ist das jüngste Kapitel einer langen Liebesbeziehung zum Whisky, die 1854 begann, als Matthew Perry, der als US-Kommandeur die Öffnung Japans für den Handel mit dem Westen aushandelte, 110 Gallonen Whiskey als Geschenk für den Kaiser mitbrachte.

Japanische Getränkehersteller versuchten, den Geschmack der fremden Spirituose zu kopieren, zunächst ohne großen Erfolg. Bereits 1870 brannte man einen als *yoshu* bekannten Schnaps, doch die kommerzielle Whisky-Produktion begann erst 1924. Damals gründete Shinjiro Torii die Firma Kotobukiya, später in Suntory umbenannt, im Tal des Yamazaki auf der Insel Honshu die erste Destillerie Japans.

Torii engagierte dafür Masataka Taketsuru, einen weiteren japanischen Whisky-Pionier. Taketsuru hatte 1918 in Schottland organische Chemie studiert und in Destillerien gearbeitet. 1934 machte er sich mit der Dai Nippon Kaju, einer Destillerie in Yoichi auf Hokkaido, selbstständig. Daraus wurde später das Unternehmen Nikka, das Marken wie Black Nikka, Nikka Single Cask und den Yoichi 20 Jahre herstellt, der bei den World Whiskies Awards 2008 zum weltbesten Single Malt gewählt wurde.

Der schottische Einfluss auf die japanische Whisky-Produktion wirkt nach: Wie die Schotten verwenden die Japaner die Schreibweise Whisky. Die Destillateure greifen eher zu Gerstenmalz als zu Mais oder Roggen. Die Whiskys pflegen einen schottischen Stil, der an die Lowlands und Speyside erinnert. Intensive Rauch-, Torf- und salzige Aromen, wie von Islay und Campbelton bekannt, werden meist gemieden. Eine Besonderheit ist die Verwendung der japanischen Eiche *(Quercus crispula)* für die Fässer, die den Whiskys intensive Fruchtaromen verleihen, ganz ähnlich wie europäische Eiche.

Zunächst wurde japanischer Whisky für den Heimatmarkt produziert, doch inzwischen attestiert man ihm immer öfter Weltklasse. Er repräsentiert heute einen eigenen Stil, und der Export wächst entsprechend.

Dank ihrer Sorgfalt im Detail errangen Japans Destillerien zahlreiche internationale Preise. Suntorys Top-Abfüllung Yamazaki (25 Jahre) wurde 2012 bei den World Whiskies Awards in London des *Whisky Magazins* als World's Best Single Malt ausgezeichnet. Eine Flasche davon, so man überhaupt eine findet, kostet rund 1300 Euro. Auch der Yoichi Single Malt von Nikka gewann begehrte Preise, und der Hibiki (30 Jahre) wurde bei den World Whiskies Awards 2008 zum World's Best Blended Whisky gekürt. Der Suntory Hibiki (21 Jahre) errang bei der International Spirits Challenge 2013 die Trophäe in der Kategorie der Blended Whiskys, und Suntory wurde zum dritten Mal Distiller of the Year. Jüngst konnten japanische Single Malts bei Blindverkostungen sogar ihre schottischen Kollegen ausstechen.

Ein Grund dafür mag sein, dass japanische Destillateure mehr experimentieren müssen, um bessere Blends zu schaffen. In Schottland verschneidet man für Blends verschiedene Malts aus diversen Destillerien,

Dank ihrer Sorgfalt im Detail errangen Japans Destillerien zahlreiche internationale Preise.

um den perfekten Whisky zu erhalten. In Japan treiben Unternehmen kaum Handel mit ihren direkten Konkurrenten. Ein Blended Whisky wird also nur Malts der eigenen Firma enthalten, manchmal ergänzt durch Importe aus Schottland. Folglich sind die einzelnen Destillerien in Japan darin erfahren, selbst eine größere Bandbreite an Whiskys zu produzieren.

Die Japaner genießen ihren Whisky gern passend zu den jeweiligen Speisen. Meist wird der Whisky dafür mit Wasser verdünnt oder als Highball (ein Teil Whisky mit zwei bis drei Teilen Soda) getrunken. Das ist inzwischen so gängig, dass die Mischungen in Dosen in Convenience Shops oder in Bars vom Fass als Alternative zu Bier angeboten werden. Verschiedene Whiskys können mit verschiedenen Speisen wie Sushi, Sashimi, Tempura und sogar Desserts kombiniert werden.

Single Malt wird meist auf Eis serviert, aber nicht auf profanen Eiswürfeln. Der Kenner sucht sich eine Bar, wo der Barkeeper den Whisky mit einer großen Eiskugel serviert, die den Whisky kühlt, ohne ihn übermäßig zu verdünnen. Der Barmann schnitzt die Eiskugel, gibt sie mit Wasser in das Trinkglas, um das Glas zu kühlen. Dann schüttet er das Wasser weg und den Whisky über die Eiskugel. Die wird etwas gerollt, um eine einheitliche Temperatur zu erzielen. Wie immer legen Japaner viel Wert auf feine Details.

Chichibu

Chichibu, 2004 gegründet, seit 2008 in Betrieb, ist die jüngste Brennerei Japans. Das Unternehmen residiert in der Stadt Chichibu in der Präfektur Saitama nordwestlich von Tokio. Gegründet wurde die Destillerie von Ichiro Akuto, dem Enkel des Besitzers der Hanyu-Destillerie, die 2004 abgerissen wurde. Ichiro kaufte die verbliebenen Fässer und brachte eine Reihe guter Whiskys unter dem Namen Ichiro's Malt auf den Markt. So machte er sich international einen Namen unter Freunden japanischen Whiskys. Die Destillerie Chichibu ist ein kleines Unternehmen, das irgendwann alle Produktionsschritte im Haus ausführen möchte, also auch Mälzen, Darren, Herstellung der Fässer und Abfüllung. Rund zehn Prozent der eingesetzten Gerste wächst in der Region. Die Reifung erfolgt in verschiedenen Fasstypen, darunter solche aus japanischer Eiche. Die Destillerie produziert getorften und ungetorften Whisky und hat einige limitierte Abfüllungen herausgebracht.

The Floor Malted

(2009 destilliert, 2012 abgefüllt)

Lebhafter junger, viel versprechender Whisky. Noten von Vanilleeis, würziger Eiche und einer buttrigen Süße.

⭑ Alk.: 50,5 Vol.-% ⭑ Typ: Single Malt

Lost in Translation

Für alle, die den perfekten Ort zur Verkostung eines japanischen Whiskys suchen, gibt es nur eine Adresse: die New York Bar im Park Hyatt Tokyo Hotel. Hier wurden viele Szenen des für den Oscar nominierten Films *Lost in Translation* gedreht.

Die Bar hoch droben in der 52. Etage des Hotels bietet atemberaubende Ausblicke auf die Stadt, speziell, wenn man einen der hohen Stühle an der Bar ergattern kann. Doch man wird dort kaum diese melancholische Einsamkeit empfinden, wie die von Bill Murray verkörperte Figur im Film von Sofia Coppola. Die Bar ist inzwischen eine obligatorische Anlaufstelle für Touristen.

Das Personal erklärt willig, dass im Film der Suntory Hibiki Whisky serviert wird, aber noch viele andere Marken auf der Karte stehen. Der Hibiki 17 Jahre erhielt 2012 den World Whiskies Award als Best Japanese Blended Whisky.

Jenen, die eher einen guten Schluck als eine filmreife Umgebung suchen, bietet Tokio viele spezialisierte Whisky-Bars, oft mit hunderten verschiedener Marken im Angebot. Zu den Empfehlungen gehören die Shot Bar Zoetrope mit ihrem Mix aus einer beneidenswerten Whisky-Auswahl und klassischen Schwarz-weiß-Filmen, The Helmsdale mit kaledonischem Flair und Campbeltown Loch mit einer wechselnden Auswahl von rund 250 Whiskys, darunter Raritäten aus den 1970er- und 80er-Jahren.

Hakushu

Die Hakushu Distillery wurde 1973 von Suntory gegründet, um den Whisky-Boom zu befriedigen und die in die Jahre gekommene Brennerei Yamazaki zu entlasten. Die abgeschiedene Destillerie findet man 700 Meter über dem Meeresspiegel in einem dichten Wald in den Ausläufern des Bergs Kaikomagatake (auf dem Etikett Southern Japan Alps genannt). Nach ihrer Fertigstellung war Hakushu die größte Brennerei der Welt mit insgesamt 36 Brennblasen und einer Kapazität, die jede Destillerie in Schottland, Kanada und den USA übertraf.

In den 1980er-Jahren erlebte Japan wie Schottland eine Whisky-Rezession, die zur Teilschließung der Brennerei und einer Reduzierung auf zwölf Brennblasen führte. Momentan erlebt Whisky eine neue Boomphase, und Hakushu expandiert wieder. 2012 wurden vier neue Gärbottiche installiert, und vor Kurzem kamen Apparate zur Herstellung von Grain Whisky dazu. Hauptaufgabe von Hakushu ist die Erzeugung von getorftem Malt für die Blends von Suntory. Wie bei Yamazaki können hier mit verschiedenen Pot Stills unterschiedliche Malt-Stile produziert werden. Das ist wichtig, denn in Japan pflegen die konkurrierenden Destillerien aus Prinzip keinen Handel untereinander. Die Reifung erfolgt bei Hakushu vorrangig in gebrauchten Bourbonfässern, aber auch in Sherryfässern. Über die Jahre konnte Hakushu viele Auszeichnungen erringen. Zum Kernsortiment gehören 12, 18 und 25 Jahre alte Versionen. Daneben gibt es regelmäßig limitierte Abfüllungen.

12 Jahre

Leicht und frisch mit steinig-mineralischer Note; Aromen frisch aufgeschnittener Apfel und Birne, Vanillesauce und dezenter Rauch

⭑ Alk.: 43 Vol.-% ⭑ Typ: Single Malt

Bourbon Barrel

In gebrauchten Bourbonfässern gereift und höher im Alkoholgehalt, hat diese Version mehr Wucht als der 12-Jährige. Üppige Vanille und Frucht mit cremiger Süße und etwas Torf

⭑ Alk.: 48,2 Vol.-% ⭑ Typ: Single Malt

WHISKY-ZITATE

„Whiskey verlangt Wertschätzung – wie eine schöne Frau. Zuerst betrachtet man ihn, dann ist es Zeit zu trinken."

— Haruki Murakami

Hibiki 12

Unglaublich weich und gut trinkbar, soll bis zu 30 Jahre alte Whiskys enthalten. Noten von Honig, Pflaumenmus, zarter Vanille und Karamell.

⋆ Alk.: 43 Vol.-% ⋆ Typ: Blended

Hibiki 17

Reif, weich und seidig, mit Noten von Zitronenbonbons, Zimt, Spuren von Kakao, dazu würzige Frucht und etwas Rauch im Finish.

⋆ Alk.: 43 Vol.-% ⋆ Typ: Blended

Hibiki

Die Marke Hibiki ist das Aushängeschild des Suntory Konzerns. Sie wurde 1989 zur Feier des 90-jährigen Firmenjubiläums präsentiert. Zunächst war die Marke außerhalb Japans relativ unbekannt, doch das änderte sich in den 2000er-Jahren. 2003 spielte der Whisky eine „Hauptrolle" im Film *Lost in Translation* mit Bill Muray und Scarlett Johansson. Das war perfekte Publicity in der westlichen Welt. Doch erst 2008 hob die Marke richtig ab, als ein 30-jähriger Hibiki in der Kategorie „World's Best Blended Whisky" bei den World Whiskies Awards in London Sieger wurde. Zum ersten Mal konnte ein japanischer Whisky einen derart prestigeträchtigen Preis gewinnen. Nun interessierten sich viele Whisky-Trinker weltweit für die Marke.

Seither verbreitet sich die Marke und kann eine beeindruckende Trophäensammlung mit Preisen aus verschiedenen Spirituosenwettbewerben vorweisen. Der Blend wird aus Whisky der Destillerien von Suntory gemacht. Der Malt kommt aus den Brennereien Yamazaki und Hakushu, der Grain Whisky aus der Destillerie Chita. Die Reifung erfolgt in verschiedenen Fasstypen, darunter Fässern, in denen zuvor Umeshu (japanischer Pflaumenwein) lagerte. Die Hibiki-Blends, von Suntorys Master Blendern wohl komponiert, unterscheiden sich stark von typischen Blends und bieten ein erstaunliches Geschmacksspektrum. Hibiki wird in einer auffälligen Flasche im Stil einer Karaffe abgefüllt, deren 24 Facetten die 24 Jahreszeiten des alten japanischen Mondkalenders repräsentieren. Das japanische Wort „hibiki" bedeutet „Harmonie". Aktuell bietet das Sortiment 12, 17, 21 und 30 Jahre alte Versionen an.

Nikka

Das Whisky-Unternehmen Nikka wurde 1934 von Masataka Taketsuru gegründet, der vielen als der Vater des japanischen Whiskys gilt. Masataka wurde 1894 in der Küstenstadt Takehara in der Präfektur Hiroshima geboren. Die Familie Taketsuru stellte dort seit 1733 in ihrer Brauerei Sake (Reiswein) her, und Masataka sollte nach einer Ausbildung als Brauer und Chemiker die Firma übernehmen. 1918 brach er nach Schottland auf, wo er an der Universität Glasgow Chemie studierte und seine zu Hause erworbenen Kenntnisse über das Brauen vertiefte. Doch hier in Schottland entdeckte er den Whisky, der ihn so faszinierte, dass er das Whisky-Machen erlernen wollte.

Das erwies sich als nicht so einfach, denn viele Destillerien verweigerten ihm ein Praktikum. Schließlich fand er einige Brennereien, darunter Calder und die inzwischen geschlossene Hazelburn Distillery in Campbeltown, die ihn aufnahmen. Diese Betriebe empfingen den jungen Chemiker mit offenen Armen, und bis 1920 hatte Masataka alles gelernt, um Malt und Grain Whisky zu produzieren.

Doch das Wissen über die Whisky-Herstellung war nicht alles, was ihm Schottland bieten konnte. In dieser Zeit lernte er seine Frau Jessie Roberta Cowan, genannt Rita, kennen, und sie kehrten als Paar nach Japan zurück. Dort tat sich Masataka mit Shinjiro Torii (Gründer von Suntory) zusammen. 1923 begannen sie in der Yamazaki Distillery mit der Produktion des ersten japanischen Malt Whiskys.

Nach einigen Jahren in dem jungen Unternehmen Suntory beschloss Masataka, sich selbstständig zu machen und gründete 1934 die Yoichi Distillery auf Hokkaido im Norden Japans. 1940 kam der erste Whisky von Nikka heraus. Die Brennerei war an einem abgelegenen Standort erbaut - unter logistischen Aspekten nicht sehr praktisch, aber Masataka glaubte fest daran, dass die Umgebung, in der ein Whisky gemacht wird und reift, einen wesentlichen Qualitätsfaktor darstellt. Zudem glich das Klima dort weitgehend dem Klima jener Gebiete in Schottland, wo er seine Ausbildung absolviert hatte.

1969 eröffnete Nikka seine zweite Destillerie: Miyagikyo in der Nähe von Sendai, um der wachsenden Nachfrage gerecht zu werden. Masataka starb im August 1979 und wurde neben seiner Frau in Yoichi beerdigt. Heute ist das Unternehmen der zweitgrößte Getränkekonzern in Japan und ist Eigentümer der Brennerei Ben Nevis in Schottland, in deren Nähe Masataka viele Jahre zuvor studiert hatte. Das Sortiment von Nikka ist breit und beinhaltet verschiedene Single Malts aus beiden Destillerien und etliche Blended Malts.

Taketsuru, 17 Jahre

Getrocknetes Steinobst und Pfeifentabak in der Nase, Bratapfel, Zimt und Mokka am Gaumen und im Finish

⭑ Alk.: 43 Vol.-% ⭑ Typ: Pure Malt

Nikka Coffey Grain

Sanfter Kakao und Karamell in der Nase, Vanillepudding und Waffeln am Gaumen, im Finish dann süße Vanille und Kirschkuchen

⭑ Alk.: 45 Vol.-% ⭑ Typ: Grain

Nikka from the Barrel

Ausdrucksstark und würzig mit Noten von Kakao, frischem Obst, Bonbons und einer Spur Rauch

⭑ Alk.: 51,4 Vol.-% ⭑ Typ: Blended

Yamazaki

Der Whisky der Yamazaki Distillery ist vermutlich der bekannteste japanische Whisky und inzwischen weltweit verfügbar. Die Destillerie gehört dem riesigen Getränkekonzern Suntory. Er besitzt Brennereien in vielen Whisky produzierenden Ländern und stieg Anfang 2014 zum drittgrößten Getränkekonzern der Welt auf. Yamazaki ist die älteste, eigens für die Whisky-Herstellung gebaute Brennerei und wurde 1923 von Shinjiro Torii gegründet, dem Urvater von Suntory. Die Destillerie liegt im Tal des Flusses Yamazaki in der Präfektur Osaka im Herzen Japans.

Yamazaki ist nicht nur die älteste Whisky-Brennerei Japans, sondern mit geschätzten sechs bis sieben Millionen Litern Jahresausstoß auch eine der größten. Die Destillerie verfügt über insgesamt zwölf Brennblasen unterschiedlicher Form und Größe, die es ihr ermöglichen, die verschiedenen Whisky-Stile zu brennen, die für die Blends im Portfolio von Suntory gebraucht werden. Das für die Produktion benötigte Malz wird aus vielen Quellen bezogen, unter anderem aus Europa und den USA. Ein kleiner Teil stammt aus der Region. Auch die Fässer werden importiert: Bourbonfässer kommen aus den USA, Sherryfässer aus Spanien. Als im Zweiten Weltkrieg die Sherryfässer knapp wurden, griff die Destillerie zu Fässern aus japanischer Eiche. Die Fässer sind bis heute im Gebrauch und liefern einen ähnlichen Geschmack wie Fässer aus europäischer Eiche. Zum Standardsortiment von Yamazaki gehören 12, 15, 25, 35 und 50 Jahre alte Malts. Zusätzlich kommen regelmäßig limitierte Abfüllungen heraus.

12 Jahre

Körperreicher, intensiv fruchtiger Whisky mit Noten von Orangenmarmelade, Cremebiskuits, Vanille und sanfter Eichenwürze

⭑ Alk.: 43 Vol.-% ⭑ Typ: Single Malt

18 Jahre

Reich und komplex, mit weichem Mundgefühl und zahlreichen Aromen dunkler Früchte, ausbalanciert mit Spuren von dunkler Schokolade und Maraschino-Kirschen

⭑ Alk.: 43 Vol.-% ⭑ Typ: Single Malt

Yoichi

Yoichi auf der Insel Hokkaido ist die nördlichste Destillerie Japans. Sie wurde 1934 von Masataka Taketsuru nach seinem Ausscheiden bei der Yamazaki Distillery und Suntory gegründet. Sie ist die Verwirklichung von Masatakas Idealen vom Whisky-Machen und greift die Verfahren auf, die er während seines Aufenthalts in Schottland kennenlernte. In der Brennerei arbeiten drei Brennblasenpaare, die alle direkt mit Kohle beheizt werden, nicht indirekt mittels Dampfschlangen. Die direkte Befeuerung war früher in Schottland allgemein üblich, wurde aber allmählich durch die indirekte abgelöst. Glendronach behielt als letzte Brennerei diese Methode bis 2005 bei. Yoichi produziert unterschiedlich stark getorfte Whiskys, von völlig ungetorft bis hin zu stark getorft. Die Destillerie hält nicht nur an traditionellen Methoden fest, sondern hat auch eine eigene Küferei. All diese Faktoren zusammen machen Yoichi zur traditionellsten Destillerie Japans – in vieler Hinsicht sogar traditioneller als die meisten in Schottland.

Der erste Single Malt kam 1984 als 12-Jähriger heraus und wurde unter dem Namen Hokkaido verkauft, dem früheren Namen der Destillerie. 2008 sorgte Yoichi für Schlagzeilen, als eine 20 Jahre alte Abfüllung bei den World Whiskies Awards in London zum „World's Best Single Malt Whisky" gekürt wurde. Dies führte zu einem Run auf japanischen Whisky; Whisky-Fans aus der ganzen Welt wollten den Sieger-Whisky haben. Die Reifung erfolgt bei Yoichi in verschiedenen Fasstypen, darunter frischen Eichenfässern aus der eigenen Küferei. Das Kernsortiment besteht aus einer Version ohne Altersangabe, 10-, 12-, 15- und 20-jährigen Whiskys und einer Reihe Single-Cask-Abfüllungen.

15 Jahre

Tiefgründiger und komplexer Whisky mit Noten reifer Beeren, Lebkuchen, Kakao, Feigenpastete, subtilem Rauch und etwas Torf.

⋆ Alk.: 45 Vol.-% ⋆ Typ: Single Malt

10 Jahre

Leicht und frisch, etwas Torf in der Nase, dazu Anklänge von Honig, Vanille, Eiche und Frucht am Gaumen und im Finish

⋆ Alk.: 45 Vol.-% ⋆ Typ: Single Malt

BAIN'S
SINGLE GRAIN WHISKY
BAIN'S
NATURALLY PURE
Cape Mountain Whisky
KAVALAN
SINGLE MALT
WHISKY
KA
VA
LAN
SINGLE MALT
WHISKY
40%Vol.
700ML

DIE ÜBRIGE WELT

Lange wurde Whisky zwar überall auf der Welt genossen, aber nur in Schottland, Irland, Amerika, Kanada und später Japan produziert.

In den vergangenen Jahren hat sich das stark verändert: Länder, in denen Whisky bisher nur konsumiert wurde, begannen, ihn selbst herzustellen. Darunter sind solche Länder, in denen viele Briten leben, wie Indien, Südafrika und Australien, und die eine historische Beziehung zu Whisky haben. Doch viele der neuen Whisky-Produzenten haben keinerlei traditionelle Verbindungen.

Ob in Frankreich oder Finnland, Taiwan oder Tasmanien, überall auf der Welt entstehen Whisky-Brennereien an Orten, wo man dies nicht erwarten würde. Immerhin war Whisky lange die weltweit bevorzugte dunkle Spirituose: Von Schottland bis Südafrika genoss man ein Glas Scotch, Rye oder Bourbon. Die Scotch Whisky Association setzt den Wert der Whisky-Exporte mit 4,23 Milliarden Pfund (5 Milliarden Euro) an, den Whisky-Umsatz im Einzelhandel mit 25 Milliarden Pfund (31 Milliarden Euro).

So wie sich die Craft-Beer-Bewegung (Micro-Breweries) über den Globus ausgebreitet hat, versuchen sich nun Whisky-Liebhaber im Whisky-Brennen. Mit faszinierenden Ergebnissen, denn obwohl der Grundprozess der Destillation überall gleich ist, gehen die neuen Erzeuger ganz eigene Wege und erzielen damit neue Geschmacksprofile und Varianten.

Bis vor Kurzem hätte schottischer Whisky die Liste der 100 besten Whiskys dominiert, zusammen mit einigen wenigen Namen aus anderen renommierten Whisky-Ländern. Der Scotch ist noch immer ein Maßstab, doch der Rest der Welt holt rasch auf, und neue Whiskys werden zunehmend als gleichwertig, manchmal sogar höher gepriesen als die Vertreter der Alten Whisky-Welt.

Das sind gute Nachrichten für ein Getränk, das stets Gefahr läuft, mit einer alternden Konsumentengruppe assoziiert zu werden, wenn es nicht mit der Zeit geht.

Neue Whiskys kommen in moderner Aufmachung und einfallsreichen neuen Variationen daher.

Die jungen Whisky-Hersteller versuchen nicht, eine Kopie des Scotch Single Malt zu produzieren – sie wären zum Scheitern verurteilt. Stattdessen schlagen Unternehmen wie die schwedische Mackmyra-Destillerie bewusst andere Wege ein: Man nutzt Wacholderzweige und Torf zum Mälzen der Gerste, um die Bedeutung von Wacholderbeeren in der heimischen Küche aufzugreifen. Es gab auch Experimente mit Fässern aus schwedischer Eiche.

Penderyn in Wales benutzt ein von David Faraday (ein Nachfahre des berühmten Wissenschaftlers Michael Faraday) konstruiertes Single-Still-System. In

Schottland und Irland sind konventionelle Systeme mit zwei oder drei Brennblasen üblich. Die in Penderyn entwickelte Technik ermöglicht die Destillation eines extrem sauberen, aromatischen Sprits in einer Brennblase. Die vergorene Maische liefert die Brauerei Brains, der Whisky reift zunächst in Bourbonfässern und wird dann in Fässern veredelt, in denen zuvor Madeira, Sherry, Portwein oder Islay-Whisky lagerte.

Auch unterschiedliche Klimabedingungen helfen neuen Whisky-Produzenten bei der Ausbildung

Whisky machen ist nichts für jene, die kurzfristig denken. Einige der besten Whiskys der Welt wurden vor 40 oder 50 Jahren eingelagert.

spezieller Aromen. Durch die hohen Temperaturen in Indien und Australien etwa reift der Whisky viel schneller. Das sorgt für neue, interessante Geschmacksprofile und hat den Vorteil, dass die Produzenten in diesen Ländern ihr Produkt schneller auf den Markt bringen können. Whisky ist eine langfristige Investition, trotzdem: Je eher Produzenten damit Einnahmen erzielen, umso besser können sie im Wettbewerb bestehen.

Die neuen Whisky-Enthusiasten lassen sich durch die finanziellen Hürden nicht entmutigen. Noch ganz jung ist die Puni Destillerie in Südtirol, die erste in Italien. Das Familienunternehmen wurde 2010 gegründet und hofft, 2C15 seinen ersten Whisky abfüllen zu können. Die Destillerie ist in einem von dem Architekten Werner Tscholl entworfenen, 13 Meter hohen, ele-

ganten Kubus aus roten Ziegeln untergebracht. Puni verwendet Malz aus Gerste, Roggen und Weizen für seinen Whisky, der dann in Bourbon-, Marsala- und Weinfässern in einem ehemaligen Militärbunker reift.

Auch in Argentinien, in Patagonien, am Fuß der Anden, findet man nun zwei Mikrodestillerien. La Alazana begann 2011 und füllte Ende 2014 den ersten Whisky ab. La Patagonia steckt noch in den Anfängen. In Israel hat die Milk & Honey Distillery 2012 mehr als eine Million Dollar investiert, um am Toten Meer Single Malt Whisky zu produzieren. Auch der neuseeländische Abfüller Thomson Whisky hat begonnen, eigenen Whisky zu brennen.

Whisky ist kein Produkt für Unternehmer, die kurzfristig planen. Einige der besten Whiskys der Welt wurden vor 40 oder 50 Jahren von Menschen eingelagert, die sie wahrscheinlich niemals probieren konnten. Den neuen Whisky-Produzenten steht also ein langer Weg bevor, auf dem sie viele Entdeckungen und auch manchen Fehler machen werden. Je mehr sie über ihr Handwerk lernen, umso besser wird das Resultat. Eine der wichtigsten Zutaten bei Whisky ist Zeit.

EUROPA

Europa war schon immer ein wichtiger Markt für den schottischen Whisky, gerade in den letzten Jahren, als der heimische Markt schwächelte.

Heute beginnt man in Europa, eigene Versionen der begehrten Spirituose zu produzieren. Überall, von England und Wales bis Frankreich und Spanien, entstehen neue Destillerien. Sogar in der Schweiz gibt es eine Whisky-Brennerei.

Oft handelt es sich um kleine Betriebe, die bereits andere Spirituosen produziert haben. Andere stürzen sich ohne Erfahrungen ins Abenteuer. Im Allgemeinen werden die Whiskys für den regionalen Markt produziert, aber einige denken auch an den Export.

Die meisten europäischen Akteure sind neu, nur manche können schon eine längere Geschichte vorweisen, wie die Destilerías y Crianza del Whisky (DYC) in Spanien. Das Unternehmen, das auch Single Malts anbietet, eröffnete 1959, begann 1963 mit der Whisky-Produktion und ist heute die beliebteste Marke in Spanien.

Die meisten Destillerien in Europa sind deutlich kleiner, doch ihre Leidenschaft ist mindestens ebenso groß. Die St George's Distillery in England begann 2006 und brachte 2009 ihre erste Abfüllung heraus. Bis heute hat man 13 dieser kleinen Chargen produziert, die zahlreiche Preise errangen.

Überall in Europa, von England und Wales bis Frankreich und Spanien, entstehen neue Destillerien.

Mackmyra aus Schweden ist das beste Beispiel für einen erfolgreichen europäischen Whisky. Die Produktion von Malt Whisky begann 1999. 2012 wurde Mackmyra bei der International Wine and Spirit Competition in London zum European Spirits Producer of the Year gekürt. Das Unternehmen ist an der Börse notiert und hat eine neue Destillerie bezogen mit einer Kapazität von einer Million Litern (265 000 Gallonen).

Ständig werden neue Mikrodestillerien gegründet. 2013 nahm in London die erste Whisky-Brennerei seit einem Jahrhundert die Produktion auf. Whisky-Freunde können sich schon auf den ersten Schluck aus der London Distillery Company freuen, der voraussichtlich an Weihnachten 2016 verfügbar sein wird.

St George's

Als die St George's Distillery 2006 die Produktion aufnahm, war sie die erste Whisky-Destillerie in England seit über 100 Jahren. James und Andrew Nelstrop, Vater und Sohn, bauten die Brennerei nahe der Stadt Thetford in Norfolk. Die Destillerie produziert getorften und ungetorften Single Malt Whisky, der dann überwiegend in Bourbonfässern von Buffalo Trace reift. Gelegentlich werden auch andere Fässer gefüllt, in denen zuvor Rum und Sherry lagerten.

Die Destillerie kümmert sich um jeden Produktionsschritt: Schroten, Gärung, Destillation, Reifung, Abfüllung und Etikettierung finden vor Ort statt. Die bislang meisten Abfüllungen wurden in einer Serie sogenannter Chapter (Kapitel) herausgebracht. Die Chapter 1 bis 4 wurden früh abgefüllt für diejenigen, die einen getorften bzw. ungetorften jungen Brand nach 18 Monaten Fassreifung probieren möchten. Der erste echte Whisky kam 2009 als Chapter 5 in limitierter Abfüllung heraus. Bald folgte die breiter verfügbare Version Chapter 6.

Im Lauf der Zeit erschienen weitere Kapitel: Einige sind sehr intensiv getorft, andere in unterschiedlichen Fässern gereift. Von allen bisherigen Veröffentlichungen sind Chapter 6, 9 und 11 am gängigsten. Neben der Chapter-Serie präsentierte die Firma zu besonderen Gelegenheiten einige limitierte Versionen. 2013 wurde die Black Range eingeführt, um ein dauerhaft verfügbares Produkt – auch für den Export – anzubieten. St George's hat sich als anerkannter Destillateur etabliert, und seine Produkte werden von Whisky-Händlern weltweit verkauft.

Chapter 6

Ungetorfte Version aus ehemaligen Bourbonfässern; leicht und frisch, mit grüner Frucht, Zitrus und feinen Vanillenoten

★ Alk.: 46 Vol.-% ★ Typ: Single Malt
★ Land: England

Chapter 11

Intensiv getorfte Variante, ebenfalls aus ehemaligen Bourbonfässern; Rauch von Lagerfeuer und Asche, begleitet von Ingwer, Pfeffer und etwas tropischer Frucht

★ Alk.: 46 Vol.-% ★ Typ: Single Malt
★ Land: England

Adnams

In der 1872 gegründeten Adnams Brewery in Southwold/Suffolk wird seit fast 150 Jahren Bier gebraut. Vor einigen Jahren erweiterte das Unternehmen seine Produktpalette um Spirituosen. Das Brennhaus von Adnams wurde 2010 errichtet, und schon bald nach der Einweihung lagerte man Fässer mit Branntwein ein, die nach der obligatorischen Reifung von drei Jahren 2013 abfüllbereit waren. Zur Premiere wurden zwei Whiskys präsentiert: Ein Single Malt war aus in East Anglia geernteter Gerste gemacht und in französischer Eiche gereift. Der zweite, Triple Grain genannt, ist eine Kombination aus Gerstenmalz, Weizen und Hafer und reifte in frischer amerikanischer Eiche. Neben Whisky bietet Adnams unter anderem auch Gin, Wodka und Absinth an.

Single Malt Whisky N° 1

Jung und herzhaft, aber ein guter Einstieg; Honig, Steinfrüchte, Vanille, Butterkaramell und eine Bonbonsüße

★ Alk.: 43 Vol.-% ★ Typ: Single Malt ★ Land: England

Penderyn

Penderyn ist die einzige Destillerie in Wales. Sie befindet sich im Städtchen Penderyn am Südrand des Brecon-Beacons-Nationalparks. Bei Penderyn arbeitet eine ungewöhnliche Variante der Column Still, die für die Erzeugung von Malt Whisky unüblich ist und einen wesentlich stärkeren jungen Brand liefert als traditionelle Pot Stills.

Der erste Single Malt Whisky der Penderyn Distillery wurde am 1. März 2004, dem St David's Day, von Prince Charles höchstpersönlich vorgestellt und von der Kritik hochgelobt. Für die Standardabfüllung von Penderyn kommen zwei Fasstypen zum Einsatz. Die erste Reifung erfolgt in Bourbonfässern, danach schließt sich der Ausbau in Madeirafässern an. Der Madeira bringt zusätzliche Fruchtigkeit und macht den Whisky weicher. Das preisgekrönte Kernsortiment besteht aus Madeira, Sherrywood und einer getorften Variante.

Madeira

Leichter und unkomplizierter Whisky, mit Noten von Vanille, getrockneten Aprikosen, Nektarinen, Rosinen und Toffee

★ Alk.: 46 Vol.-% ★ Typ: Single Malt ★ Land: Wales

WHISKY-ZITATE

„Ich habe früh gelernt, Bier, Wein und Whiskey zu trinken. Und ich war etwa fünf, als ich meinen ersten Tabak gekaut habe."

– Babe Ruth

The Belgian Owl

Die Destillerie The Belgian Owl wurde 1997 von Etienne Bouillon und seinen beiden Partnern in Grâce-Hollogne bei Lüttich gegründet. Der erste Alkohol floss 2004 aus der Brennapparatur, und im Oktober 2007 war der erste belgische Malt Whisky fertig. Die erste kommerzielle Abfüllung wurde im November 2008 freigegeben. 2009 folgte dann eine 44 Monate gereifte limitierte Version. Seither ist eine Serie von Abfüllungen in Fassstärke auf den Markt gekommen, mit verschiedenen neuen 3- und 4-jährigen Versionen im Jahr 2013. Die Destillerie ist am Rand des Städtchens angesiedelt und verarbeitet für ihre Produkte Gerste aus der Region. Eine Besonderheit sind die beiden Pot Stills, die man gebraucht von der stillgelegten Destillerie Caperdonich in Speyside erwarb.

Belgian Owl Single Malt Whisky

In amerikanischen Eichenfässern gereift und nach drei Jahren abgefüllt; Noten reifer Äpfel und Birnen, Ingwer, Vanille und Zitrusspuren

⋆ Alk.: 46 Vol.-%
⋆ Typ: Single Malt
⋆ Land: Belgien

Slyrs

Die Slyrs Destillerie entstand als Ableger der seit 1928 bestehenden Brennerei Lantenhammer, die im bayerischen Schliersee verschiedene Edelbrände erzeugt. 1999 begann man mit der Produktion von Whisky. 2002 hatte der erste Whisky die Abfüllreife und kam auf den Markt. Seit 2007 erfolgen alle Arbeitsschritte in der neuen Destillerie in Neuhaus. Das Gerstenmalz stammt aus der Region und wird, für Whisky höchst ungewöhnlich, über Buchenholz geräuchert. Die Reifung erfolgt in frischen 225-Liter-Fässern aus amerikanischer Eiche. Jungfräuliche Eichenfässer sind in der Malt-Herstellung eigentlich nicht üblich und geben viel Aroma an den Whisky ab. Für die insgesamt acht Versionen des Sortiments werden zum Teil auch Sherry- und Portweinfässer eingesetzt.

Slyrs

Einstieg ins Sortiment von Slyrs, nach drei Jahren abgefüllter Single Malt; Noten von Vanille, Bratapfel, Zimt, Zitrus und Harz

⋆ Alk.: 43 Vol.-% ⋆ Typ: Single Malt ⋆ Land: Deutschland

Waldviertler Roggenhof

Johann und Monika Haider begannen 1995 in dem abgelegenen Ort Roggenreith im österreichischen Waldviertel in der ersten Whisky-Destillerie des Landes mit der Produktion. Der wichtigste Whisky-Typ ist der Rye aus dem lokal angebauten Roggen, der dort schon lange heimisch ist und sogar den Namen des Orts prägte. Neben dem Roggen aus der Region verwendet die Brennerei für ihre Fässer das Wasser aus eigener Quelle sowie das Holz heimischer Traubeneichen und Mannhartsberger Sommereiche. Zur Destillerie Waldviertler gehört ein modernes Besucherzentrum, das jährlich rund 75 000 Besucher anlockt. In der Destillerie werden auch getorfte (mit lokalem Torf) und ungetorfte Malts und Roggen-Whiskys in einer Vielzahl von Varianten erzeugt, die meist in Fassstärke abgefüllt werden.

Original Rye

Aus 60 Prozent Roggen und 40 Prozent Gerstenmalz gebrannt, mit Noten von Honig, Vanille, Orangenmarmelade und Milchschokolade.

- Alk.: 41 Vol.-%
- Typ: Rye
- Land: Österreich

Zuidam

Die Brennerei Zuidam Distillers ist in der Gemeinde Baarle-Nassau in den Niederlanden zu Hause. Das Familienunternehmen begann 1975 als traditionelle Brennerei, die unter anderem Wodka und Genever produzierte. 2002 fiel die Entscheidung, in die Whisky-Produktion einzusteigen. 2007 kam der erste Whisky heraus, der 5 Jahre alte Single Malt Millstone. Die Destillerie arbeitet mit zwei kleinen klassischen Pot Stills und bezieht ihr Getreide aus dem In- und Ausland. Die Destillerie setzt auf eine fünf Tage dauernde Gärung, was ungewöhnlich lange ist. Zum aktuellen Sortiment gehören getorfte und ungetorfte 5-Jährige American Oak (8 Jahre), French Oak (8 Jahre), Sherry Cask (12 Jahre) und ein Rye Whisky. Alle Whiskys tragen den Namen Millstone.

Millstone 100 Rye

Aus 100 Prozent Roggen, 100 Monate (8 Jahre) gereift. Kräftiger, würziger Rye, der es mit jedem amerikanischen Rye aufnehmen kann.

★ Alk.: 50 Vol.-% ★ Typ: Rye ★ Land: Niederlande

WHISKY-ZITATE

„Ich bin ein einfacher Mann. Alles, was ich will, ist ausreichend Schlaf für zwei normale Männer, genug Whiskey für drei und genug Frauen für vier."

– Joel Rosenberg

Whisky Castle

Die Destillerie Whisky Castle des gelernten Bauern Ruedi Käser ist für ihre Experimentierfreude bekannt. Seit 2002 hagelt es dafür Auszeichnungen. Der erste Whisky, ein Single Malt, kam 2005 unter dem Namen Castle Hill auf den Markt. Seither wuchs das Sortiment und bietet heute immerhin zehn verschiedene Abfüllungen – eine reife Leistung für eine Brennerei, die nur knapp 20 000 Liter (5300 Gallonen) pro Jahr erzeugt, davon die Hälfte Whisky. Darunter sind einige ganz spezielle Angebote wie der Castle Hill Doublewood. Dieser Whisky reifte zum Teil in Kastanienfässern, in der Whisky-Produktion ausgesprochen selten. Auf den meisten Märkten untersagen die Kontrollbehörden den Einsatz von Kastanienfässern für Whisky und entsprechend selten findet man solche Exemplare.

Castle Hill Doublewood

In ehemaligen Scotch- sowie Kastanienfässern gereifter Whisky; rauchiger, süßer Charakter mit intensiver Holzwürze

⋆ Alk.: 43 Vol.-%
⋆ Typ: Single Malt
⋆ Land: Schweiz

WHISKY-ZITATE

„Es hat keinen Sinn, Sorgen in Alkohol ertränken zu wollen, denn Sorgen sind gute Schwimmer!"
– Robert Musil

DYC

Die 1958 gegründete Destillerie DYC in Segovia/Spanien ist eine der größten und etabliertesten Brennereien Europas, 1959 lief die Produktion an. Anders als die übrigen Destillerien in Europa ist DYC riesig: Die jährliche Kapazität liegt bei acht Millionen Litern (2,1 Millionen Gallonen) Grain Whisky und 2 Millionen Litern (530 000 Gallonen) Malt Whisky, für den es vor Ort eine eigene Mälzerei gibt. Aktuell gehört DYC zu Beam Suntory, seit den 1990er-Jahren ging es aber durch die Hände mehrerer großer Spirituosenkonzerne. Zum Sortiment von DYC gehören zwei Blended Whiskys, 3 bzw. 8 Jahre alt, ein Vatted Malt aus verschiedenen schottischen Single Malts und eigenem Malt Whisky sowie ein 10 Jahre alter Single Malt anlässlich des 50. Gründungsjubiläums der Destillerie 2009.

Einfacher Blended Whisky, am besten für Longdrinks und Cocktails; leichter Whisky mit sehr wenig Aroma und Körper; im Hintergrund Spuren von Vanille und Eiche

⋆ Alk.: 40 Vol.-% ⋆ Typ: Blended ⋆ Land: Spanien

Warenghem

Die Destillerie Warenghem wurde 1900 gegründet und produziert seit über 100 Jahren verschiedene Spirituosen. Die bretonische Brennerei war immer ein familiengeführtes Unternehmen, das zunächst der Familie Warenghem und ab 1967 der Familie Leizour gehörte. Im gleichen Jahr zog die Destillerie aus dem Zentrum an den Rand von Lannion, wo sie mehr Platz für die Expansion und Zugang zu einer neuen Wasserquelle hatte. In den 1980er-Jahren wurde auch Whisky erzeugt. 1987 kam der erste in Frankreich destillierte Single Malt auf den Markt. Im aktuellen Sortiment werden unter dem Namen Armorik drei Blended Whiskys (Breizh Whisky, Galleg und WB – Whisky Breton) und vier Single Malts (Double Maturation, Classic, Sherry Finish und Édition Originale) angeboten.

Armorik Double Maturation

In französischen Eichen- und Sherryfässern gereift; voller und fruchtiger Whisky mit Apfel- und Zitrusnoten

⭑ Alk.: 46 Vol.-%
⭑ Typ: Single Malt
⭑ Land: Frankreich

Glann ar Mor

Die Destillerie Glann ar Mor ist an der Nordküste der Presqu'île Sauvage in L'Armor Pleubian zu Hause. Glann ar Mor ist bretonisch und bedeutet „am Meer". Der Besitzer Jean Donnay beschäftigt sich seit 1999 mit dem Whisky-Brennen und hat sein Produkt über Jahre perfektioniert. Die reguläre Produktion begann 2005. Inzwischen übersteigt die Nachfrage das Angebot. Bei Glann ar Mor pflegt man die traditionellen Methoden der Whisky-Herstellung mit Gärbottichen aus Holz, direkt beheizten Brennblasen und Schlangenkühlern. Damit ist diese Brennerei heute theoretisch näher am alten Stil als jede Destillerie in Schottland, wo es keine direkt beheizten Stills und kaum noch Worm Tub Condenser gibt. Glann ar Mor macht getorften und ungetorften Whisky, wobei der getorfte als Kornog verkauft wird.

Kornog Single Malt Tourbé (getorft)

Sehr rauchig; klarer, frischer Eindruck, auf den Noten von gegrillter Paprika und cremigem Honig folgen

⭑ Alk.: 46 Vol.-% ⭑ Typ: Single Malt ⭑ Land: Frankreich

Teerenpeli

Die Destillerie Teerenpeli wurde 2002 im finnischen Lahti als Ergänzung einer Restaurantkette gegründet. Sie ist im Keller des Restaurants Taivaanranta untergebracht. Der Whisky war 2005 als zunächst 3-jährige, später als 6-jährige Abfüllung verfügbar, allerdings nur in den Restaurants. 2011 kam der Whisky als 8-jährige Version auch außerhalb Finnlands auf den Markt. Die Destillerie verarbeitete leicht getorftes finnisches Gerstenmalz und eine Kombination aus Bourbon- und Sherryfässern zur Reifung. Der Taivaanranta wurde von vielen Whisky-Experten sehr gelobt und mit Single Malts von der schottischen Westküste verglichen. Dank der guten Kritiken konnte sich der Whisky etablieren, und man rechnet künftig mit einer stärkeren Expansion. Die Destillerie produziert momentan rund 40 000 Liter pro Jahr. Ganz neu ist die ausschließlich in Sherryfässern gereifte Version Kaski.

Kaski

Ein üppig-fruchtiger Whisky mit malzigem Bouquet, Anklänge von Schokolade, Vanille, Rosinen und Feigen, dazu dezente Holzaromen.

⋆ Alk.: 43 Vol.-% ⋆ Typ: Single Malt ⋆ Land: Finnland

Braunstein

Die Braunstein Brauerei und Destillerie wurde 2005 von zwei Whisky-Liebhabern gegründet. Dies war die erste handwerkliche Mikrodestillerie in Dänemark. Sie produziert sowohl getorften als auch ungetorften Whisky. Die Gerste wird aus unterschiedlichen Quellen bezogen: Rund 40 Prozent kommen direkt aus der Region, der Rest wird importiert. Für den getorften Whisky verwendet man Malz der bekannten Mälzerei Port Ellen auf Islay, für den ungetorften Whisky das Malz der Mälzerei Simpson in England. Der Import von getorftem Malz ist in der Branche weit verbreitet, denn damit erspart man sich Zeit und Kosten. Die erste Abfüllung von Braunstein und somit der erste dänische Single Malt war die 3-jährige Edition No 1 aus dem Sherryfass. Inzwischen kamen weitere Abfüllungen zum Sortiment von Braunstein hinzu, und man schuf eine neue Serie mit der Bezeichnung Library Collection.

Library Collection 13:2

Lebhafter, junger getorfter Whisky, im ehemaligen Bourbonfass gereift; mit Noten von Rauch, Asche, Vanille und zarten Zitrusspuren

⋆ Alk.: 46 Vol.-% ⋆ Typ: Single Malt ⋆ Land: Dänemark

Mackmyra

Die erste schwedische Whisky-Destillerie nahm 1999 in der Kleinstadt Valbo den Betrieb auf. Die Destillerie ist zweifellos eine der erfolgreichsten Whisky-Brennereien Europas und wird von Kennern weltweit geschätzt. Mackmyra blickt optimistisch in die Zukunft: 2012 wurde eine ganz neue Brennerei gebaut, um der wachsenden Nachfrage gerecht zu werden. Die neue Destillerie ist sehr modern und in einem auffälligen, hohen Gebäude untergebracht. Bei Mackmyra werden zwei verschiedene Typen von Whisky produziert: Der eine ist völlig ungetorft, der andere verwendet Malz, das über Wacholderholz und Moos gedarrt wird. Diese ungewöhnliche Rauchquelle bewirkt ein einzigartiges Raucharoma. Seit der ersten Abfüllung 2008 kamen viele Versionen des Mackmyra heraus, unterschiedlich stark und aus verschiedenen Fasstypen.

Brukswhisky

Unglaublich leicht und frisch, voller Fruchtaromen, mit Noten von Vanille und einer Spur Rauch

* Alk.: 41,4 Vol.-%
* Typ: Single Malt
* Land: Schweden

WHISKY-ZITATE

„Wasser ist nicht zum Trinken geeignet. Wir mussten Whisky hinzufügen. Durch gewissenhafte Anstrengung habe ich gelernt, es zu mögen."
– Sir Winston Churchill

Geist aus dem Norden

Beim Namen Mackmyra könnte man an einen typischen Scotch denken, dabei ist er so schwedisch wie Abba und Volvo. Die Geschichte dieses Musterbeispiels einer aufstrebenden Whisky-Marke beginnt mit einem Skiurlaub einiger Studenten, die beschließen, eine eigene Version von schottischem Malt Whisky zu machen.

Das war 1998. Nachdem sie 170 Rezepturen ausprobiert hatten, entschied man sich für zwei davon und begann 2002 mit der Produktion. In einer alten Mühle in Mackmyra entstand der Preludium 01, ein limitierter Single Malt, der im Februar 2006 vorgestellt wurde. 2010 folgte der Brukswhisky als Premiumversion.

Bei Mackmyra setzt man auf regionale Zutaten und eine naturnahe Produktion. Das Wasser wird natürlich gefiltert, der Whisky aus erstbefüllten Fässern ohne Farb- oder Zusatzstoffe abgefüllt.

Der Verkauf von Fässern ist ein wichtiger Aspekt des Geschäftsmodells. Es gibt rund 10 000 Eigentümer von 30-Liter-Fässern, von denen etwa 2800 auch Geschäftsanteile von Mackmyra besitzen.

Mit dem Erlös der ausgegebenen Geschäftsanteile entstand 2011 die ökologisch konzipierte Gravity Distillery, um die Kapazität auf rund 600 000 Flaschen zu erhöhen. Das sieben Stockwerke hohe Gebäude nutzt die Schwerkraft für viele Abläufe und senkt so die Energiekosten.

Mackmyras Erfolg hat eine neue Generation schwedischer Whisky-Macher wie Wanborga, Spirit of Hven und Box Distillery inspiriert.

SÜDAFRIKA

Für ein Wein produzierendes Land wie Südafrika ist es nicht überraschend, dass Weinbrand die bevorzugte Spirituose ist, doch Whisky kommt gleich danach.

In einem Bericht verweist die Consultantfirma DNA Economics auf einen – im Vergleich zu anderen internationalen Märkten – überproportional hohen Konsum von Premium- und Super-Premium-Whisky in Südafrika. Kurz gesagt: Die Südafrikaner bevorzugen hochwertigen Alkohol.

Laut South African Wine Industry Information & Systems stieg der Whisky-Konsum allein zwischen 2010 und 2011 um neun Prozent. Whisky macht dabei sechs Prozent des gesamten konsumierten Alkohols aus – das ist der höchste Anteil seit Mitte der 1990er-Jahre. Früher waren dies gute Nachrichten für Hersteller von Scotch Whisky – die Marken Bell's und J&B waren meist erste Wahl. Doch die Importe leiden unter der steigenden lokalen Produktion. Distell, der größte südafrikanische Whisky-Hersteller, teilt mit, sein größtes Wachstum bei Spirituosen verzeichne er bei Whisky und Cognac.

Das Unternehmen führt zehn verschiedene Whiskys. Es verschneidet schottische Malts und südafrikanischen Whisky für seine Marken Harrier und Knights. Three Ships (5 Jahre) von der James Sedgwick Distillery erhielt viele internationale Auszeichnungen, darunter 2012 den Titel World's Best Blended Whisky

Whisky macht inzwischen sechs Prozent des gesamten konsumierten Alkohols aus. Der höchste Anteil seit Mitte der 1990er-Jahre.

bei den World Whiskies Awards in London. Auch der Bain's Cape Mountain Whisky (5 Jahre), der 2012 und 2013 Gold bei der International Wine & Spirit Competition in London gewann, erntete viel Beifall. Er wurde 2009 vorgestellt und wird ebenfalls von James Sedgwick produziert.

Der Anklang lokaler Whiskys ermutigt weitere Neueinsteiger und Umsteiger. Die Drayman's Brewery in Pretoria etwa hat sich nach dem Bierbrauen nun auch der Herstellung von Spirituosen zugewandt. Der Solera Whisky ist bereits verfügbar, ein Single Malt reift im Augenblick.

James Sedgwick

Die James Sedgwick Distillery ist in Wellington in der Provinz Westkap rund 45 Minuten von Kapstadt entfernt zu Hause. Ihren Namen verdankt die Destillerie Captain James Sedgwick, der 1850 nach Südafrika kam und ein erfolgreiches Geschäft für hochwertige Spirituosen, Tabak und Zigarren gründete. 1886 kauften James Sedgwick & Co. die dortige Destillerie, die damals Brandy herstellte. Heute ist sie ein hochmoderner Betrieb und kann sowohl Malt und als auch Grain Whisky produzieren.

Die Destillerie ist bekannt für den beliebten Blended Whisky Three Ships. 2006 füllte sie den ersten Single Malt aus Südafrika ab. Bain's Cape Mountain Whisky ist bis jetzt der einzige südafrikanische Single Grain Whisky. Er reift mindestens fünf Jahre und durchläuft dabei einen ungewöhnlichen doppelten Reifeprozess. Der Alkohol reift die ersten drei Jahre in Bourbonfässern, dann wird er verschnitten und erneut in Bourbonfässer gefüllt.

Das aktuelle Whisky-Sortiment der James Sedgwick Distillery besteht aus Three Ships Select, 5 Jahre Premium Select, Bourbon Cask Finish und einem 10 Jahre alten Single Malt. Das Sortiment Three Ships kam 2009 von Bain's dazu.

Bain's Cape Mountain Whisky

Großartiges Beispiel für einen Grain Whisky, mit Noten von Toffee, Vanille und Ahornsirup, Vanillepudding und würzigem Kompott

★ Alk.: 43 Vol.-% ★ Typ: Single Grain

Three Ships Single Malt, 10 Jahre

Süßer Whisky mit Honig und Toffee in der Nase, viel Vanille und würziger Eiche am Gaumen und im Finish

★ Alk.: 43 Vol.-% ★ Typ: Single Malt

INDIEN UND DER FERNE OSTEN

Die schottischen Whisky-Hersteller blicken neidisch auf den indischen Markt. Dies ist einer der am schnellsten wachsenden Märkte für Spirituosen weltweit, den sie wegen der hohen Zölle aber nur begrenzt erreichen.

Weil importierter Whisky für viele unbezahlbar ist, kaufen die Inder vor Ort produzierte „Whiskys". Spirituosen werden in Indien seit der Zeit der Raj destilliert. Ein Großteil des Whiskys wird auf Molassebasis erzeugt und gleicht so eher einem Rum. Der Anteil von Malt Whisky darin ist meist relativ klein.

Der indische Markt ist zwar potenziell eine Goldmine für die schottische Whisky-Industrie, gleichzeitig bereitet ihnen die lockere Art, mit der dort die Deklarierung „Whisky" und „Scotch" verwendet wird, Kopfschmerzen. Die Scotch Whisky Association, eifrige Hüterin der weltweiten Reputation des Scotch, führte 2012 in Indien verschiedene Gerichts- und 100 Einspruchsverfahren wegen Verletzung von Handelsmarken.

Die Masse des indischen Whiskys zielt auf den lokalen Markt, doch es gibt Anzeichen, dass einige Produzenten höhere Ambitionen haben. Amrut Fusion in Bangalore etwa fand nach guten Kritikerbewertungen eine breitere Anerkennung.

2012 präsentierte John Distilleries, der sechstgrößte Destillateur der Welt, einem angenehm überraschten

Weil importierter Whisky für viele unbezahlbar ist, kaufen die Inder vor Ort produzierte „Whiskys“.

Publikum den Single Malt Paul John. Das in Goa beheimatete Unternehmen produziert die Versionen Edited und Brilliance.

Neben Indien ist Taiwan eine aufstrebende Macht als Whisky-Erzeuger. Kavalan Single Malt wird vom Konzern King Car Group – mit den Geschäftsfeldern Getränke, Lebensmittel, Biotechnologie und Aquakultur – produziert. Die erste Flasche Kavalan kam im Dezember 2008 heraus, 2012 startete der Export.

Die Taiwanesen trinken gern Whisky, und die Kavalan Distillery, ein Multimillionenprojekt, empfängt in seinem Besucherzentrum jährlich eine Million Gäste. Das junge Unternehmen liegt vor den Toren Chinas, einem weiteren aufstrebenden Whisky-Markt.

Amrut

Die Amrut Distillery in Bangalore begann in den 1980er-Jahren mit der Produktion von Malt Whisky, doch erst 2004 wurde der erste Single Malt im schottischen Glasgow präsentiert. Zunächst bemühte man sich, die Marke in Großbritannien zu etablieren. Heute findet man Amrut in fast 20 Ländern und die Expansion geht weiter. In Indien ist der Whisky erst seit 2010 verfügbar und wird aktuell nur in Bangalore, dem Standort der Brennerei, verkauft.

Amrut verwendet hauptsächlich nordindische Gerste, die in Jaipur und Delhi gemälzt und dann zur Destillerie nach Bangalore transportiert wird. Zusätzlich bezieht man getorftes Malz aus Schottland. In Bangalore herrschen bei einer Durchschnittstemperatur von 30 °C ganz andere Reifebedingungen als in den traditionellen Whisky-Ländern. Die Hitze sorgt für eine höhere Verdunstung, der „Anteil der Engel" (Angel's Share) liegt bei 10 bis 16 Prozent. Außerdem reift er schneller: Die Wärme intensiviert die Interaktion zwischen Eichenholz und Destillat.

Das Sortiment von Amrut ist inzwischen deutlich gewachsen, mit einigen interessanten limitierten Abfüllungen. Das Kernsortiment umfasst zwei 46-Prozenter (getorft bzw. ungetorft), zwei Cask-Strength-Versionen (getorft bzw. ungetorft) und den Fusion aus 25 Prozent getorftem und 75 Prozent ungetorftem Malz. Zu den limitierten Versionen gehörten der Two Continents, der in Fässern für die letzte Reifephase nach Schottland transportiert wurde, oder ein getorfter Amrut, der in Oloroso-, dann Bangalore-Blue-Brandy- und abschließend in Rumfässern reifte. Der neue Greedy Angels ist mit acht Jahren die bisher älteste Abfüllung. Die beiden Fässer reichten lediglich für 144 Flaschen.

Unpeated (ungetorft)

Lebhafter Whisky mit kräftig-würzigem Charakter und Noten von Honig, Toffee, Lakritz und Eichenwürze

*** Alk.: 46 Vol.-% * Typ: Single Malt**
*** Land: Indien**

Amrut Fusion

Komplexer, vielfach prämierter Whisky; in der Nase sanfter Rauch und Gewürze, dazu Aromen von Trockenfrüchten und Schokolade am Gaumen; abschließend ein kräftiges Torffinish

*** Alk.: 50 Vol.-% * Typ: Single Malt**
*** Land: Indien**

Paul John

Paul John Distillers wurde 1992 gegründet und hat sich inzwischen zu einem der größten Spirituosenproduzenten Indiens entwickelt. Das Unternehmen ist in Indien durch seine Marke Original Choice bestens bekannt, die auch weltweit unter den Top 10 der meistverkauften Whiskys rangiert. Der Hauptanteil wird in der Heimat verkauft. Im Oktober 2012 stellte man den ersten Single Malt vor, der – wie schon bei Amrut – zunächst in Großbritannien herausgegeben wurde. Die Marke fand großen Anklang und etablierte sich schnell. Heute ist sie in verschiedenen europäischen Ländern vertreten. Der Paul John Whisky wird in Goa nach traditionellen Verfahren und in Brennblasen aus Kupfer produziert. Die Gerste stammt aus Nordindien und wird teilweise mit schottischem Torf geräuchert, sodass man zwei ganz unterschiedliche Whisky-Stile anbieten kann.

Der Whisky ist nach Paul John benannt, dem Präsidenten des Unternehmens, der 2005 die Destillerie in Goa erbaute, um dort einen Weltklasse-Whisky zu produzieren. Die Reifung erfolgt vorrangig in ehemaligen Bourbonfässern aus Kentucky. Wie bei jedem im heißen Klima gereiften Whisky liegt auch beim Paul John der Angel's Share bei rund zehn Prozent pro Jahr. Dieser hohe Verdunstungsanteil und die verwendeten Fässer bewirken eine schnellere Reifung als in Schottland oder Japan. Das Kernsortiment bietet die beiden Whiskys Edited (leicht getorft) und Brilliance. Beide werden ungefärbt und ohne Kühlfiltrierung mit 46 Vol.-% abgefüllt. Als Ergänzung bietet man noch einige Single-Cask-Versionen in Fassstärke an.

Edited

Tief und würzig, mit Noten von After Eight, Vanilleeis, Toffee, würzigem Kompott und einer Spur Rauch

★ Alk.: 46 Vol.-% ★ Typ: Single Malt ★ Land: Indien

Brilliance

Lebhafter Whisky mit Noten reifer Früchte, von Toffee, Zitrusmarmelade, Sultaninen, Eichenwürze und Vanille

★ Alk.: 46 Vol.-% ★ Typ: Single Malt ★ Land: Indien

Kavalan Solist Vinho

Reift in Weiß- und Rotweinfässern aus amerikanischer Eiche. Intensive Frucht und Würze mit Vanille, dunkler Schokolade und Zitrusnoten

- **Alk.: 58,4 Vol.-%**
- **Typ: Single Malt**
- **Land: Taiwan**

Kavalan Classic

Unglaublich weicher Whisky; in der Nase süß, am Gaumen und im Finish Noten von tropischen Früchten und Honig, Birnen und Eiche

- **Alk.: 40 Vol.-%**
- **Typ: Single Malt**
- **Land: Taiwan**

Kavalan

Die 2005 gegründete Yuanshan Distillery (unter dem Dach der King Car Group) war die erste Whisky-Brennerei Taiwans. Sie entstand in der rekordverdächtigen Bauzeit von acht Monaten im Nordosten des Landes im Landkreis Yilan. Seit ihrer Eröffnung entwickelte sich der Betrieb zu einer wichtigen Touristenattraktion, die in ihrem modernen Besucherzentrum die beindruckende Zahl von einer Million Besucher pro Jahr empfängt. Das sind mehr Besucher als in sämtlichen schottischen Brennereien zusammen. Die Produktion orientiert sich am schottischen Vorbild mit traditionellen Brennblasen aus Kupfer und aus Schottland importiertem Gerstenmalz. Zur Reifung benutzt man vorrangig Bourbonfässer, daneben auch einige Sherry-, Portwein- und Weinfässer. Die Reifung erfolgt vor Ort. Jeweils vier Fässer werden miteinander verschnürt, um Schäden durch Erdbeben zu reduzieren.

Die hohen Temperaturen in Taiwan haben eine beschleunigte Reifung und vielleicht den höchsten Verdunstungsanteil weltweit zur Folge. Der Anteil der Engel liegt bei rund 15 Prozent pro Jahr, weshalb der Whisky nicht sehr lange im Fass lagern kann. Der Markenname Kavalan bezieht sich auf den ersten in der Region ansässigen Volksstamm.

Der Hauptabsatzmarkt von Kavalan ist China, doch seit der Präsentation der Marke 2008 wächst ihre Popularität rasch, und sie ist bereits in mehr als 20 Ländern vertreten. Das aktuelle Sortiment besteht aus Kavalan Classic, Concertmaster, Podium und Fino Sherry Cask. Als Ergänzung gibt es die Kollektion Solist mit einigen der besten Abfüllungen der Destillerie aus verschiedenen Fasstypen in Cask Strength. Und es gibt eine limitierte Abfüllung namens King Car Conductor.

KA
VA
LAN
SINGLE MALT
WHISKY

AUSTRALIEN UND NEUSEELAND

Es gibt zwar keine Aufzeichnungen über die ersten Destillerien in Australien, doch sehr wahrscheinlich wurde in der Kolonie bald nach Ankunft der europäischen Siedler 1788 Schnaps gebrannt. Jedenfalls beklagte sich Gouverneur John Hunter 1796 über die „große Zahl illegaler Schnapsbrennereien".

Im 19. Jahrhundert wurden vorzugsweise Rum und Gin hergestellt, Whisky wurde eher importiert. Es gab Versuche, etwa von Corio, einen australischen Whisky zu schaffen, doch er bleibt vielen als „Rachenputzer" unangenehm in Erinnerung. 1989 wurde die Produktion eingestellt.

Um diese Zeit trat eine neue Generation australischer Whisky-Macher in Erscheinung. Unter der Ägide von Bill Lark setzten sie auf Qualität statt Quantität. Lark hielt die Bedingungen für die Herstellung von Whisky auf der Insel Tasmanien für ideal und bemühte sich, das dort seit 150 Jahren geltende Destillierverbot abzuschaffen. Heute ist der Lark Single Malt einer von rund zehn auf Tasmanien produzierten Whiskys.

Insgesamt gibt es über 20 aktive Whisky-Brennereien in Australien, die verschiedene Stile pflegen, die häufig in Fassstärke abgefüllt und nicht kühlfiltriert werden. Sullivan's Cave wurde als einer der besten Whiskys der Welt ausgezeichnet und die Nat Distillery

Insgesamt gibt es über 20 aktive Whisky-Brennereien in Australien, die verschiedene Stile pflegen.

als Produzent eines der Top 50 Whiskys in der Welt eingestuft.

Das benachbarte Neuseeland wurde ebenfalls vom Whisky-Fieber gepackt – angesichts seiner angeblichen Ähnlichkeiten hinsichtlich Klima und Landschaft mit Schottland wenig verwunderlich. Schottische Siedler haben dort wohl 1838 erste Brennereien eingerichtet. Speziell in Dunedin und der Region Otago blühte das Brennwesen, bis die Regierung in den 1870er-Jahren regulierend eingriff.

Trotzdem ist die aktuelle Whisky-Produktion relativ überschaubar. Kaiapoi stellt einen 13 Jahre alten Malt her, und Hokonoi nutzt Treibholz und Tang, um die Gerste für den Single Malt Coaster zu mälzen.

Hellyers Road

Die 1997 auf Tasmanien gegründete Hellyers Road Distillery ist mit einer Jahresproduktion von rund 100 000 Litern (26 500 Gallonen) Australiens größte Boutique-Brennerei. Sie verarbeitet heimische Gerste, die in der Cascade Brewery in Hobart gemälzt und zum Teil mit importiertem schottischen Torf getrocknet wird. Das Malz kommt dann zum Einmaischen und Fermentieren in die Destillerie.

Ungewöhnlich sind die Pot Stills von Hellyers, denn deren Kessel besteht aus Edelstahl, während Helm, Bogenstück, Steig- und Geistrohr aus Kupfer sind. Zur Reifung nimmt man hauptsächlich Bourbonfässer, aber auch tasmanische Weinfässer. Das Sortiment besteht aus Original, 10 Jahre, 12 Jahre, Peated, Slightly Peated, The Gorge und Pinot Noir Finish.

Roaring Forty

Süße Getreide- und Fruchtnoten in der Nase; Orangenschokolade und Vanille am Gaumen, im Finish dann Lakritz und Spuren von Kaffeebohnen

★ Alk.: 40 Vol.-% ★ Typ: Single Malt ★ Land: Australien

Scotch on the Rocks

Im Vergleich zum Nachbarn Australien steckt Neuseelands Whisky-Branche noch in den Kinderschuhen, doch das „Land der langen weißen Wolke" spielt eine wichtige Rolle in einer Anekdote der vergangenen Jahre.

Im Januar 2010 entdeckte der New Zealand Antarctic Heritage Trust fünf Kisten mit Whisky und Brandy, die unter dem Basislager von Sir Ernest Shackletons britischer Antarktis-expedition von 1907 vergraben waren. Der Forscher hatte 46 Kisten mit Mackinlay's Rare Old Highland Malt als Proviant mitgenommen und offensichtlich nicht ganz ausgetrunken.

Eine Kiste wurde ins Canterbury Museum gebracht und vorsichtig aufgetaut. Drei Flaschen brachte der Eigentümer von Whyte & Mackay, Dr. Vijay Mallya, in seinem Privatjet persönlich nach Schottland. Dort verbrachte Master Blender Richard Paterson acht Wochen damit, einen über 100-jährigen Whisky zu reproduzieren, für den es keinerlei Rezeptur gab.

Das Resultat, als elegant und raffiniert, mit Aromen von Birnen und Früchten und etwas Rauch beschrieben, ließ das Original aus der Glen Mhor Distillery auferstehen. Im Jahr darauf kamen 5000 Flaschen zu je 100 Pfund in den Handel. Pro Flasche gingen fünf Pfund als Spende an den New Zealand Heritage Trust (der diesen Schatz entdeckt hatte), um mit dem Geld Shackletons Basislager zu erhalten.

Im Januar 2013 brachte der neuseeländische Premierminister John Key die drei Flaschen zurück in die Antarktis. Die Flaschen wurden konserviert und an die Fundstelle in Shackletons Hütte am Cape Royds zurückgebracht.

Sullivans Cove

Sullivans Cove Whisky gibt es seit 1994 in Cambridge in der Nähe von Hobart. Produziert wurde aber unregelmäßig in drei Phasen der Aktivität unter verschiedenen Eigentümern. Dem aktuellen Besitzer ist es gelungen, seinen Whisky einem breiteren Publikum nahezubringen und den tasmanischen Whisky bekannt zu machen. Die Destillerie bezieht ihre Wash (vergorene Maische) von der Cascade Brewery in der Nachbarschaft, um sie bei sich zu destillieren. In der Brennerei arbeitet eine einzelne Brennblase, in der modernen Whisky-Produktion sind dagegen heute zwei Brennblasen (Wash Still und Spirit Still) üblich. Nach der Destillation wird der Branntwein zum Reifen in Fässer aus amerikanischer und französischer Eiche gefüllt. Anders als andere Produzenten, die mehrere Fässer vermählen, um einen einheitlichen Whisky zu erhalten, füllt man bei Sullivans fast jedes Fass individuell ab. So kann es feine Unterschiede zwischen Abfüllungen geben. Das aktuelle Sortiment von Sullivans Cove besteht aus Double Cask, American Oak Bourbon Cask und French Oak Port Cask. Nur für den Double Cask werden Fässer vermählt: Für eine Charge (Batch) wird der jeweils zehn Jahre gelagerte Inhalt von zwei Bourbonfässern und einem Portweinfass aus französischer Eiche vermischt.

American Oak Bourbon Cask

Süß und cremig in der Nase; am Gaumen Vanille und Zitronenkuchen; dann ein langes, würziges Finish

★ Alk.: 47,5 Vol.-% ★ Typ: Single Malt
★ Land: Tasmanien

Double Cask

Florale Noten verbinden sich in der Nase mit Vanille und Eiche. Am Gaumen Honigwabe, Bonbonaromen und Schokolade.

★ Alk.: 40 Vol.-% ★ Typ: Single Malt
★ Land: Tasmanien

WHISKY-ZITATE

„Komm, zeig mir, was einen schottischen Mann glücklich macht!"
– Samuel Johnson

Overeem

Die Old Hobart Distillery, die den Overeem Whisky macht, wurde 2005 von Casey Overeem geründet, begann aber erst 2007 mit der Produktion. In den Jahren vor der Gründung der Destillerie beschäftigte sich Casey intensiv mit der Spirituosenherstellung in Schottland und Norwegen. Inspiriert durch seine norwegische Verwandtschaft experimentierte er mit verschiedenen Brennblasen und Verfahren. Maischung und Gärung finden nicht vor Ort, sondern in der benachbarten Lark Distillery statt, wo Overeem zwei eigene Gärbottiche hat.

Die Lark Distillery hat schon mit einigen Brennereien in Tasmanien kooperiert und hat vor Kurzem Old Hobart übernommen. Ohne die Bemühungen von Bill Lark, dem Gründer von Lark, gäbe es keine Destillerien in Tasmanien. Er setzte sich bei der Regierung dafür ein, das seit 1838 in Tasmanien bestehende Brennverbot aufzuheben. Nach der Abschaffung entstanden viele neue Destillerien, und die einst florierende Spirituosenbranche wurde neu belebt. Viele Destillerien in Tasmanien pflegen – zum Vorteil aller – eine gutnachbarschaftliche Beziehung. Dies ist etwas Besonderes und in Ländern, in denen hinter den Destillerien große Konzerne stehen, durchaus nicht üblich. Nach der Gärung bei Lark wird die Wash zu Overeem transportiert und dort destilliert. Das aktuelle Sortiment umfasst sechs Whiskys, die in Bourbon-, Sherry- bzw. Portweinfässern ausgebaut und mit 43 bzw. 60 Vol.-% abgefüllt wurden.

Overeem Port Cask

Schokolade, Orangenschale und Nelke in der Nase; würzige Fruchtaromen am Gaumen, Schokorosinen im Finish

⋆ Alk.: 60 Vol.-% ⋆ Typ: Single Malt ⋆ Land: Tasmanien

Overeem Sherry Cask

Früchtekuchen und Weingummi in der Nase; Trauben-Nuss-Schokolade am Gaumen, im Finish Kakao und Eichenwürze

⋆ Alk.: 60 Vol.-% ⋆ Typ: Single Malt ⋆ Land: Tasmanien

New World Whisky

Der Starward Whisky kommt aus der New World Distillery im südaustralischen Melbourne. Die von David Vitale (ehemals in der Lark Distillery beschäftigt) gegründete Brennerei ist in einem ehemaligen Reparaturhangar der Fluglinie Qantas in Essendon Fields untergebracht, dem alten Flughafen von Melbourne.

Die Destillerie wurde 2008 gegründet, und der Whisky kam erstmals 2013 auf den Markt. Die Reifung erfolgt in 50-, 100- und 200-Liter-Fässern, die zuvor mit aufgespritetem australischem Wein befüllt waren. Ein großer Vorteil dieser eher kleinen Fässer ist das günstigere Verhältnis von Holzoberfläche zum Inhalt, wodurch die Reifung beschleunigt wird. Bis jetzt ist nur ein einziger Whisky erhältlich, der unter dem Namen Starward verkauft wird.

Starward

Leichter, lebhafter Whisky mit intensiv-fruchtigem Charakter; Anklänge von gekohlter Eiche, Karamell und Vanille, vermischt mit Aromen getrockneter und reifer Früchte

⭑ Alk.: 43 Vol.-% ⭑ Typ: Single Malt ⭑ Land: Australien

WHISKY-ZITATE

„Trage immer eine kleine Flasche Whiskey bei dir, für den Fall eines Schlangenbisses, und hab immer eine kleine Schlange dabei."

– W.C. Fields

The New Zealand Whisky Company/ Willowbank Distillery

Die Willowbank Distillery wurde 1974 in Dunedin eröffnet und produzierte Whiskys wie den Wilson's und den 45 South. Nach dem Verkauf an Seagram wurde der Whisky unter dem Namen Lammerlaw vertrieben. Dann wurde die Destillerie unter dem neuen Eigentümer Forster's stillgelegt, und die Brennapparaturen zur Rumherstellung auf die Fidschiinseln verkauft. Die 2001 gegründete New Zealand Whisky Company erwarb von Forster's die verbliebenen 600 Fässer mit der Perspektive, eine neue Destillerie aufzubauen: ein Sortiment aus Milford Single Malt als 10-, 15-, 18- und 20-jähriger Abfüllung, South Island Single Malt als 18- und 21-jährige Version, Dunedin DoubleWood, Diggers and Ditch (Blend aus neuseeländischem und tasmanischem Whisky), Water of Leith (10-jähriger Blend) und einigen Single-Cask-Abfüllungen aus den 1980er- und 90er-Jahren.

Dunedin DoubleWood, 15 Jahre

In Bourbon- und französischen Eichenfässern, in denen vorher Rotwein lagerte, gereift; cremig und weich, mit Anklängen von Trockenfrüchten, Nüssen, Toffee und Vanille

⭑ Alk.: 40 Vol.-% ⭑ Typ: Single Malt ⭑ Land: Neuseeland

GLOSSAR

ABV (auch: abv) – Alcohol by Volume; Alkoholgehalt in Volumenprozent (Vol.-%)

Age Statement – Altersangabe des Whiskys auf dem Etikett; entspricht immer dem jüngsten enthaltenen Whisky

Alter/Reifung – Zeit, die der Whisky in Holzfässern (meist Eichenfässer) lagert. Mit der Flaschenabfüllung wird der Reifeprozess gestoppt.

Angel's Share – „Anteil der Engel", der beim Reifen des Alkohols verdunstet; in Schottland rund 2 Prozent pro Jahr, in warmen Klimaregionen um die 10 Prozent

Blended Whisky – Verschnitt aus Malt Whisky und Grain Whisky, auch *vatted* genannt.

Cask Strength – Fasstärke. Whisky mit dem nach Reifung vorgefundenen Alkoholgehalt (oft 60–80 Vol.-%), wird – ohne ihn mit Wasser zu verdünnen – direkt vom Fass auf Flasche gezogen.

Charring – Auskohlen der Innenseite von Holzfässern, speziell zur Lagerung von Bourbon und vielen anderen Whiskys. Erhöht die Interaktion zwischen Spirituose und dem Eichenholz.

Column Still System/Coffey Patent Still – modernes Brennverfahren mit einem säulenförmigen Brennapparat, das eine kontinuierliche Destillation und so die Massenproduktion von Grain Whisky und anderer Spirituosen ermöglicht.

Destillation – Vorgang, um aus der vergorenen Maische den Alkohol abzutrennen.

Dram – Der schottische Begriff für einen Schluck Whisky; meist rund 24 ml. Auch für „ein gutes Tröpfchen".

Grain Whisky – Ein Whisky, der aus einer Maische aus verschiedenen Getreiden wie Mais, Weizen und Gerste mit Hilfe von Column Stills destilliert wird.

Grist – geschrotetes, getrocknetes Malz

Independent Bottling – unabhängige Abfüllung (Gegenteil: Eigentümer- oder Originalabfüllung). Händler kaufen Whisky im Fass von Destillerien und füllen ihn unter eigenem Namen ab, teilweise mit Hinweis auf den Original-Whisky.

Kilning – Darren (Trocknen) des gekeimten Malzes

Küfer/Böttcher – Handwerker, der Holzfässer herstellt

Kühlfilterung – Prozess, bei dem gereifter Whisky auf 4 °C bis –10 °C herabgekühlt und dann filtriert wird, um natürlich vorkommende Lipide vor der Abfüllung abzuscheiden. So wird vermieden, dass sich der Whisky beim Abkühlen oder Verdünnen unter 46 Vol.-% eintrübt.

Lincoln County Process – Das für Tennessee Whiskey vorgeschriebene Verfahren, bei dem der frische Brand durch eine Schicht aus Ahornholzkohle filtriert werden muss.

Lomond Still – kurze, zylindrische Brennblase. Wurde in den 1950er-Jahren zum Brennen verschiedener Whisky-Typen entwickelt

Low Wines – Ergebnis der ersten Destillation; Rohbrand mit ca. 20 Vol.-%

Lyne Arm – abgewinkeltes Rohr (Schwanenhals), das von der Spitze (Helm) der Brennblase zum Kondensator führt

Malt – Malz = gekeimte und dann getrocknete Gerste

Malting – Mälzen = Herstellung von Malz. Getreide wird in Wasser eingeweicht und zum Keimen gebracht.

Mash Bill – Getreidemischung (Getreiderezeptur), die vergoren wird.

Mash Tun – Bottich für das Maischen

Mashing – Maischen = Vorgang, bei dem getrocknetes und geschrotetes Malz mit warmem Wasser vermischt wird.

Mouthfeel – Mundgefühl. Beschreibt die taktilen Empfindungen (Körper, Textur) beim Tasting neben Geschmack und Geruch.

NAS – No Age Statement = keine/ohne Altersangabe

New-make Spirit – frisch destillierter Branntwein aus dem Mittellauf (Middle Cut) der letzten Destillation, auch Baby-Whisky genannt.

Peat – Torf. Natürlicher Brennstoff, der zum Trocknen der Gerste und zur Erzeugung von Raucharomen dient.

Pot Still (oder Still) – Birnenförmige Brennblasen (Brennkessel) aus Kupfer

ppm – parts per million/Teile pro Million (Gehalt an Phenolen), das Maß für den Torfcharakter (Rauchigkeit)

Proof – Maßeinheit für den Alkoholgehalt, in den USA noch gebräuchlich

Scotch – Whisky, der in Schottland destilliert, dort mindestens drei Jahre in Eichenfässern gereift und dort auf Flaschen gezogen wurde.

Single Malt – Malt Whisky aus einer einzigen Destillerie

Sour Mash – Saurer Vorlauf aus der vorherigen Maische wird zur folgenden Maische dazugegeben, um den pH-Wert zu regulieren und durch Mikroorganismen die Geschmacksentwicklung zu optimieren.

Spirit Receiver – Sammelbehälter für das fertige Destillat

Spirit Safe – Alkoholtresor. Plombiertes Kontrollgerät nach der zweiten Brennblase

Vatted/Blended Malt – Whisky-Typ, bei dem zwei oder mehrere Malt Whiskys verschnitten werden

Vatting – Vorgang des Vermischens/Verschneidens verschiedener Whiskys

Wash – Die alkoholische Flüssigkeit (auch Beer/Bier oder Ale), die entsteht, wenn man vergorener Maische Hefe zusetzt.

Wash Back – Der Gärbottich, in dem die Maische (Wort) mit Hefe versetzt fermentiert.

Wash Still – Rohbrandblase für den ersten Destillationsdurchgang

Wood Finishing – Die zweite Reifungsphase, nach einer ersten Lagerung im Holzfass (meist ehemalige Bourbonfässer). Der Whisky lagert dann in anderen Holzfässern (oft Sherry-, Portwein- oder Weinfässer) weiter, um zusätzliche Aromen zu entwickeln.

Worm/Worm Tub – Ein spiralförmiges Kupferrohr in einem mit Wasser gefüllten großen Holzbottich zur Kondensation der Alkoholdämpfe aus dem Schwanenhals.

Wort – Maische. Eine zuckerhaltige Flüssigkeit, die durch Mischen von Malzschrot mit warmem Wasser im Maischebottich entsteht.

WHISKY-REGISTER

Wir danken allen Destillerien für die Mengen an Fotomaterial, das wir in diesem Buch verwenden durften, ganz besonders Frances Drury von Diageo, Elisabeth Trolle, Dan Cohen bei Beam Global, Alison Hall bei Heaven Hill und Amy Preske bei Buffalo Trace – und Henrietta Drane für ihre Hingabe und harte Arbeit.

Adnams 197 • Amrut 209, 210 • Angus Dundee 23, 47, 62 • Ardbeg 76 • Ardmore 56 • Arran 18, 88, 89 • Bailie Nicol Jarvie 103 • Bain's 190 • Balvenie 25 • Beam Inc. 85, 122, 128, 129, 134, 136, 148, 149, 172 • Ben Nevis 56 • BenRiach 26, 27 • Benrinnes 24 • Benromach 28 • Bernheim 16 • Big Peat 116 • Black Bottle 103 • Bladnoch 48, 49, 52 • Blantons 142 • Blue Hangar 116 • Braunstein 6, 7, 8, 9, 10, 11, 13, 15, 194, 195, 202 • Brown-Forman Corporation 7, 139, 153, 154, 155, 158, 159 • Bruichladdich 18, 19, 78, 79 • Buffalo Trace 142 • Bunnahabhain 8, 19, 80 • Cameron Brig 120 • Caribou Crossing 173 • Chichibu 182 • Compass Box 117 • Copper Fox 169 • Corsair 156 • Cutty Sark 4, 5, 101, 105 • Devil's Share 162 • Dewar's 106 • Diageo 6, 7, 12, 13, 20, 21, 29, 30, 40, 44, 45, 49, 53, 54, 55, 58, 59, 61, 69, 72, 81, 84, 86, 87, 92, 106, 111, 112, 113, 114, 123, 126, 127, 136, 143, 157, 173, 176 • Dry Fly 162 • DYC 200 • Eagle Rare 143 • Elijah Craig 144 • Evan Williams 144 • Famous Grous 107 • FEW 14, 15, 161, 163 • Forty Creek 174, 175 • Four Roses 137, 145 • George T Stagg 145 • Georgia Moon 146 • Getty Images 70, 71, 104, 130, 167, 181, 183, 186, 187, 189, 216 • Gibson 174 • Girvan 120 • Glann ar Mor 201 • Glen Grant 36 • Glen Moray 28, 68 • Glen Scotia 96 • GlenDronach 31 • Glenfarclas 32, 33 • Glenfiddich 16, 17, 34, 35 • Glengoyne 55, 64, 65 • Glengyle 96, 97 • Glenlossie 36 • Glenmorangie 66, 67 • Glenrothes 38, 39 • Grants 100, 101, 108, 109 • Graphicstock 19 • Heaven Hill 15, 136, 137, 141, 146, 147 • Hellyer's Road 216 • High West 163 • Highland Park 87, 90, 91 • Hudsons 164, 165 • Inver House Distillers Ltd 57, 68, 71, 110 • Invergordon 121 • Isle of Skye 110 • James Sedgwick 205, 206, 207 • Jameson 122 • Kavalan 190, 212, 213 • Kilchoman 10, 82, 83 • Larceny 149 • Macallan 42, 43 • Mackmyra 203 • Mellow Corn 150 • Monkey Shoulder 119 • Morrison Bowmore Distillers Ltd 50, 63, 77 • Nikka Whisky Distilling Co. 187, 189 • Noah's Mill 150 • Old Hobart 193, 218 • Park Hyatt, Tokyo 182 • Paul John 211 • Penderyn 197 • Pernod Ricard 24, 37, 41, 46, 47, 89, 102, 104, 129, 131, 133, 135, 172, 177 • Rittenhouse 151 • Rock Town 166 • Sazerac 151, 152 • Shutterstock 13, 37, 41, 51, 57, 60, 74, 75, 85, 94, 95, 121, 122, 123, 124, 125, 128, 132, 138, 140, 141, 153, 160, 161, 169, 170, 171, 178, 179, 180, 181, 190, 191, 192, 193, 204, 205, 208, 209, 214, 215, 220, 221, 222, 223, 224 • Slyrs 198 • Smooth Ambler 167 • Springbank 10, 20, 95, 98, 99, 221 • St George 196 • Still Waters 138, 176 • Stranahan's 168 • Sullivan's Cove 217 • Suntory 178, 179, 180, 183, 184, 185, 188 • Teerenpeli 191, 202 • The Belgian Owl 192, 198 • The New Zealand Whisky Company 215, 219 • The Six Isles 119 • The Whisky Castle 200 • The Whisky Lounge 118 • Tobermory 93 • Tomatin 73 • Tullibardine 17, 72, 73 • Tweeddale 111 • W.L. Weller 152 • Waldrietler Distillery 6, 7, 12, 199 • Warenghen 195, 201 • WhistlePig 138, 171, 177 • Whyte & Mackay 46, 60, 115, 118 • Wild Turkey 153 • William Grant 22, 23 • Zuidam 199

OWNER'S
SPECIAL
P&T
PASSPORT
SCOTCH WHISKY
PASSPORT
SCOTCH WHISKY
PEDIGREE
Phillips